FREYENSCHLAG / GAMSJÄGER

HOLZARBEITEN RUND UMS HAUS

Stocker

Josef Freyenschlag / Dieter Gamsjäger

Holzarbeiten rund ums Haus

Leopold Stocker Verlag
Graz – Stuttgart

Umschlagfotos: Autoren; Walter Gaigg, Steyrling
Fotos im Textteil: 8 Bilder Walter Gaigg, Steyrling; alle weiteren Fotos und Zeichnungen wurden freundlicherweise von den Autoren beigestellt.
Karikaturen: Michael Menschhorn, Bad Goisern

Die Deutsche Bibliothek – CIP-Einheitsaufnahme

Freyenschlag, Josef:
Holzarbeiten rund ums Haus / Josef Freyenschlag ; Dieter Gamsjäger. – Graz ; Stuttgart : Stocker, 2002
ISBN 3-7020-0922-1

Hinweis:
Dieses Buch wurde auf chlorfrei gebleichtem Papier gedruckt.
Die zum Schutz vor Verschmutzung verwendete Einschweißfolie ist aus Polyethylen chlor- und schwefelfrei hergestellt. Diese umweltfreundliche Folie verhält sich grundwasserneutral, ist voll recyclingfähig und verbrennt in Müllverbrennungsanlagen völlig ungiftig.

ISBN 3-7020-0922-1

Printed in Austria
Gesamtherstellung: Druckerei Theiss GmbH, A-9400 Wolfsberg

INHALT

MENSCHI 90
EINBAUPLAN

Vorwort

Holz ist ein biologisch gewachsener Rohstoff, der sich durch seine natürliche Schönheit in Farbe und Struktur wie auch durch seine leichte Bearbeitbarkeit zur schöpferischen Gestaltung besonders gut eignet.
Dieses Buch vermittelt Ihnen Anleitungen, wie Sie Werkstücke, die Sie als Haus- und Grundbesitzer täglich benötigen, selbst leicht anfertigen können. Damit Ihnen die selbst gefertigten Werkstücke länger Freude bereiten, benötigen Sie auch ein Basiswissen über die richtige Holzauswahl, die Verwendung der entsprechenden Holzart sowie den passenden Holzzuschnitt.
Da für Sie der Faktor Zeit sicher auch ein bestimmendes Element in Ihrem Tagesablauf ist, erhalten Sie in diesem Buch zahlreiche Tips und Tricks für eine rasche Anfertigung.
Durch richtige Verarbeitung und Behandlung kann die Lebensdauer des verarbeiteten Holzes erheblich verlängert werden, daher ist neben dem chemischen Holzschutz der konstruktive Holzschutz von großer Bedeutung. Sie erhalten auch über diese Bereiche Informationen.
Für die Ausführung der zahlreichen Werkvorschläge benötigen Sie spezifische Handwerkzeuge und Kleinmaschinen, die Sie in einer gesonderten Zusammenstellung finden.
Lassen Sie sich von den Anleitungen in diesem Buch inspirieren, und verschönern Sie Ihre Umgebung, indem Sie holzgestalterisch selbst kreativ werden! Unsere kleinen Tips werden Ihnen dabei sicher sehr hilfreich sein.

Die Autoren wünschen Ihnen ein gutes Gelingen.

Hallstatt, Frühjahr 2002

Grundsätzliches über das Holz und seine Lagerung

Holzarten

Die Einteilung der Holzarten in Klassen erfolgt nach dem Grad der Resistenz des **ungeschützten** Kernholzes gegen Befall durch holzzerstörende Pilze bei lang anhaltend hoher Holzfeuchtigkeit oder bei Erdkontakt.

Resistenzklassen	Beschreibung	Holzarten
1	sehr resistent	Robinie, Teak
2	resistent	Eiche
3	mäßig resistent	Lärche
4	wenig resistent	Fichte, Kiefer, Tanne
5	nicht resistent	Ahorn, Birke, Buche, Esche

Nadelhölzer

Fichte

Farbe: Gleichmäßig, hellfärbig, hellweiß bis rötlichweiß, schwacher Seidenglanz.
Zeichnung: Spätholzzonen bräunlich, keine sichtbaren Poren.
Eigenschaften: Dieses Holz trocknet leicht und schnell, ist weich und elastisch, schwindet mäßig und ist gut zu bearbeiten, hat eine mittlere Dauerhaftigkeit im Freien, mittlere Härte und Festigkeit, ist gut spaltbar und leicht zu bearbeiten, zu beizen und zu imprägnieren.
Verwendung: Für den Möbel- und Innenausbau, eines der wichtigsten Bauhölzer.
Achtung: Bei Verwendung im Freien auf konstruktiven Holzschutz achten und mit Holzschutzmittel behandeln!

Lärche

Farbe: Kern rötlich bis rotbraun, Splint hellgelb.

Zeichnung: Deutliche Jahresringe, rotbraune, harte Äste oft schwarz umrandet, harziger Geruch.

Eigenschaften: Das Holz ist mittelhart, dauerhaft, leicht zu bearbeiten, biegefest, elastisch und gut spaltbar, es arbeitet (schwindet und quillt) wenig, gute Beständigkeit gegen chemische Einflüsse.

Verwendung: Für naturbelassene Möbel, Fenster, Türen, Furniere, Pfähle, Dachschindeln und den Innenausbau, eines der wichtigsten Bauhölzer.

Achtung: Bei Verwendung im Freien unbedingt nur das Kernholz verwenden, den Splint entfernen!

Tanne

Farbe: Gräulich bis rötlichweiß, oft grau schimmernd.

Zeichnung: Deutliche Jahresringe, dunkle Äste oft schwarz umrandet.

Eigenschaften: Dieses Holz ist weich, leicht, gut zu beizen und zu imprägnieren; Elastizität und Wetterbeständigkeit geringer als bei der Fichte; beim Hobeln leicht fasernd.

Verwendung: Für Möbel, Innenausbau, als Konstruktionsholz, bei dem keinerlei Harzgehalt erwünscht ist.

Kiefer (Föhre)

Farbe: Kern ist rotbraun, Splint hellgelb, dieses Holz dunkelt stark nach.

Zeichnung: Deutliche Jahresringe (Wachstumszonen), rotbraune Äste, harziger Geruch.

Eigenschaften: Das Holz ist mäßig hart, mittelschwer, grobfaserig, dauerhaft und gut zu bearbeiten.

Verwendung: Für Bauholz, Möbel, Pfähle.

Achtung: Starke Verblauungsgefahr von nassem Schnittholz bei Temperaturen zwischen 20° bis 30° C (besonders für das Splintholz)!

Zirbelkiefer

Farbe: Splint hellgelb und schmal, Kern rötlichbraun, seidig glänzend.

Zeichnung: Schöne rotbraune, meist gut verwachsene Äste.

Eigenschaften: Dieses Holz ist weich, leicht, feinfaserig, gering schwindend und gut zu bearbeiten, harziger Geruch, leicht spaltbar.

Verwendung: Für Möbel, Innenausbau, Schnitzereien und Drechselarbeiten.

Eibe

Farbe: Kern ist dunkelbraun, Splint schmal und gelblichweiß.

Zeichnung: Deutliche, schmale, oft wellige Jahresringe.

Eigenschaften: Dieses Holz ist schwer, hart, schwindet wenig, sehr elastisch, schwer zu spalten und gut zu beizen; es ist witterungsfest und fault nicht.

Verwendung: Für Drechsel- und Bildhauerarbeiten, Armbrustbögen, kunstgewerbliche Artikel.
Achtung: Schleifstaub reizt die Schleimhäute, grüne Pflanzenteile und Samen sind giftig!

LAUBHÖLZER

Rotbuche

Farbe: Gelblichrot bis hellbraun.
Zeichnung: Deutlich erkennbare Jahresringe und Markstrahlen.
Eigenschaften: Dieses Holz ist hart, dicht, zäh, wenig elastisch, gut zu bearbeiten und zu beizen. Im gedämpften Zustand läßt es sich leicht biegen; großes Schwindmaß; wenig witterungsfest, pilz- und insektenanfällig.
Verwendung: Für Möbel, Innenausbau, Bugholzmöbel, Drechsel- und Wagnerarbeiten, Eisenbahnschwellen, Werkzeugteile, Spielzeug.

Weißbuche (Hainbuche)

Farbe: Gelblichweiß bis hellgrau.
Zeichnung: Jahresringe sind schwer zu erkennen.
Eigenschaften: Dieses Holz ist sehr hart, zäh, abriebfest, elastisch, schwer zu spalten, besitzt eine hohe Scherfestigkeit. Es ist schwer zu bearbeiten, aber gut zu beizen, im Freien wenig dauerhaft.
Verwendung: Für Werkzeuge, Schraubspindeln, Hackstöcke und überall dort verwendbar, wo Schlag, Stoß und Abrieb auftreten.

Ahorn

Farbe: Gelblichweiß, Spitzahorn rötlich, gelbbraun nachdunkelnd.
Zeichnung: Jahresringe sind undeutlich.
Eigenschaften: Dieses Holz ist sehr hart und abriebfest, elastisch, kurzfaserig und leicht zu bearbeiten; pilzanfällig.
Verwendung: Für Drechselarbeiten, Schnitzereien.
Achtung: Bei falscher Lagerung entstehen sehr oft Verfärbungen. Frische, nasse Schnittware zuerst einige Wochen stehend in einem Schuppen trocknen lassen, dann erst liegende Stapelung!

Birne

Farbe: Rötlichweiß bis rötlichbraun, durch Dämpfen rotbraun.
Zeichnung: Jahresringe sind undeutlich, oft welliger Faserverlauf, gehobelte Flächen matt glänzend.
Eigenschaften: Das Holz ist hart, zäh, schwer spaltbar, schwer zu bearbeiten, aber gut zu beizen und zu lackieren. Großes Schwindmaß, aber geringes Verwerfen.
Verwendung: Für Drechselarbeiten, Bildhauerarbeiten, Musikinstrumente.

Erle

Farbe: Rötlichweiß bis orange, gelb- bis rotbraun nachdunkelnd.
Zeichnung: Jahresringe sind deutlich erkennbar.
Eigenschaften: Das Holz ist weich, wenig elastisch, leicht zu bearbeiten und zu beizen. Im Wechsel von Feuchtigkeit und Trockenheit nicht dauerhaft.
Verwendung: Für Leisten, Sperrholz, Haus- und Küchengeräte.

Esche

Farbe: Kern rötlichweiß bis hellbraun, Splint gelblich bis rötlichweiß.
Zeichnung: Zellen sind gut sichtbar.
Eigenschaften: Dieses Holz ist hart, fein- und langfaserig, elastisch, zäh und gut zu bearbeiten, der Kern ist spröde; hohe Festigkeitswerte.
Verwendung: Für Werkzeuge, Fußböden, Turngeräte, Werkzeugstiele.

Ulme (Rüster)

Farbe: Braungrün bis rötlichbraun, Kern manchmal grün, der Splint dunkelt nach.
Zeichnung: Anordnung der Poren um die Jahresringe (ringporig).
Eigenschaften: Dieses Holz ist sehr hart, zäh, elastisch, schwer zu spalten und zu hobeln.
Verwendung: Für Drechselarbeiten, Treppen- und Schiffbau.

Eiche

Farbe: Kern ist gelbbraun, Splint ist schmal und weiß.
Zeichnung: Anordnung der Poren um die Jahresringe (ringporig).
Eigenschaften: Dieses Holz ist hart, dicht, grobfaserig, elastisch und gut zu bearbeiten; hohe Festigkeitswerte, witterungsfest.
Verwendung: Für Bau- und Möbeltischlerarbeiten, Fässer, Schwellen, Wasserbau.
Achtung: Der Splint muß unbedingt entfernt werden (nicht widerstandsfähig, pilzanfällig). Kommt dieses Holz mit Eisen in Verbindung, entstehen durch die Gerbsäure Verfärbungen!

Birke

Farbe: Gelblich bis rötlichweiß, auch hellbräunlich.
Zeichnung: Natürlicher Glanz, meist geflammt.
Eigenschaften: Dieses Holz ist weich, zäh und daher biegsam, schlecht beizbar, gut zu polieren (ideal für matte, stumpfe Oberflächen).
Verwendung: Für Drechselarbeiten, Stühle, Tische, Sperrholzplatten.

Kirsche

Farbe: Der Kern ist rötlichbraun bis gelbrot, der Splint ist schmal und etwas heller als der Kern, sehr stark nachdunkelnd, sehr oft grüne Streifen.

Eigenschaften: Das Holz ist hart, zäh, schwer spaltbar, grobfaserig, gut zu bearbeiten und zu beizen; angenehmer Geruch; anfällig für Pilze und Insekten.
Verwendung: Für Drechselarbeiten, Ziergegenstände, Instrumente.

Zwetschke

Farbe: Der Kern ist rötlichbraun bis braunviolett, der Splint ist rötlichweiß.
Eigenschaften: Dieses Holz ist hart und schwer, spröde, schwer spaltbar, gut polierbar; es reißt beim Trocknen jedoch stark.
Verwendung: Für Möbel- und Drechselarbeiten, Messserhefte, Faßpipen.

Nuß

Farbe: Kern braun bis schwarzbraun, Splint grauweiß bis braun.
Zeichnung: Sehr oft von dunklen Zonen durchzogen; die Farbe und Zeichnung ist stark vom Standort abhängig.
Eigenschaften: Das Holz ist mäßig hart, feinfaserig, biegsam, zäh, gut zu bearbeiten und zu beizen.
Verwendung: Für Furniere, kunstgewerbliche Artikel, Drechsel- und Bildhauerholz.

Linde

Farbe: Gelblich mit rötlichbraunen Streifen, seidig glänzend.
Zeichnung: Grobfaserig.
Eigenschaften: Dieses Holz ist sehr weich, ziemlich elastisch, dicht und gut zu bearbeiten. Eine Verblauung und Grünverfärbung ist möglich; wenig dauerhaftes Holz; bei der Verarbeitung entsteht ein etwas muffiger Geruch.
Verwendung: Für Schnitzereien, Bildhauerarbeiten, Reißbretter, Spielwaren, Musikinstrumente.

Akazie

Farbe: Kernholz von gelbgrün bis grünlichblau zu goldbraun nachdunkelnd; gehobelte Flächen sind goldglänzend, der Splint ist schmal und hellgelb bis grünlich.
Zeichnung: Streifung bzw. Fladerung, hervorgerufen durch die scharf abgesetzten Jahresringe, bestimmen das Holzbild.
Eigenschaften: Dieses Holz ist hart, fester als Eiche, gut bis mäßig gut bearbeitbar, jedoch ausgezeichnet zum Drechseln, elastisch und sehr biegefest und zäh; ziemlich pilz-, insekten- sowie verwitterungsresistent; auch im Wasser dauerhaft.
Verwendung: Für Erd- und Wasserbauten, Pfähle, Wagnerarbeiten, Schiffbau, Wassermühlen.

Teak

Farbe:	Gelbbraun bis dunkelbraun, oft durch schwarze Adern gestreift.
Zeichnung:	Deutlich hell-dunkel gefladert.
Eigenschaften:	Das Holz ist mittelmäßig hart, elastisch, gering schwindend; gut zu bearbeiten, witterungsfest, gute Festigkeitswerte; greift sich fettig an.
Verwendung:	Für Gartenmöbel, Kunstgegenstände, Fenster, Türen, chemische Behälter.
Achtung:	Bei der Bearbeitung können Hautreizungen auftreten!

HOLZSCHLÄGERUNG

GÜNSTIGE EINSCHLAGZEITEN

Für ein haltbares, trockenes Holz sind die Wintermonate während der Saftruhezeit (November bis Anfang Februar) die beste Zeit für die Schlägerung.

Vorteile:
- Geringerer Pilz- und Insektenbefall
- Keine Luft- und Sonnenrisse
- Leichter zu trocknen
- Rundholz kann länger im Wald lagern

ALTE REGELN FÜR DEN HOLZEINSCHLAG (OHNE GEWÄHR)

Holz reißt nicht:	1. Jänner, 1. März, 24. Juni zwischen 11.00 u. 12.00 Uhr, 31. Dezember.
Holz fault nicht:	1., 2., 3., 4. Mai.
Holz wird nicht wurmstichig:	zwei letzten Freitage im März, 1., 2., 3., 4. Mai.
Holz schwindet nicht:	25. März, 29. Juni, 31. Dezember.
Holz für Fußböden:	7., 8., 9. Jänner, Mond muß unter der Erde sein.
Holz für Kleiderkästen und Truhen:	zwei letzten Freitage im März (es kommen keine Motten und Würmer hinein).
Christbäume schneiden:	bei zunehmendem Mond – Bäume behalten länger die Nadeln.

STAMMEINTEILUNG SOWIE VERWENDUNGSMÖGLICHKEITEN

RUNDHOLZMESSUNG

In den „Österreichischen Holzhandelsusancen" ist genau festgelegt, wie und an welcher Stelle der Durchmesser und die Länge eines Bloches, die Länge, die Breite und die Dicke eines Brettes bzw. Pfostens gemessen werden.
Das Messen und Berechnen des Rundholzes erfolgt durch die Ermittlung des Volumens in Festmetern (fm) mit Rinde (Rindenabschlag) bzw. ohne Rinde.

Längenmessung

Die Längenmessung beginnt beim halben Fallkerb.

Nadelholz: ab 3 m Blochlänge von 50 cm zu 50 cm steigend.

Laubholz: ab 1m Blochlänge von 10 cm zu 10 cm steigend.

Übermaß: Darunter versteht man eine Längenzugabe am schwächeren Stammende. Bei Unterschreitung des vorgeschriebenen Übermaßes erfolgt eine Längenrückstufung.

Nadelholz: grundsätzlich 1% der Länge, jedoch mindestens 6 cm.

Laubholz: grundsätzlich 1% der Länge, jedoch mindestens 5 cm.

Durchmessermessung (Mittendurchmesser = d_m)

Der Durchmesser wird bei der halben Blochlänge (Mittendurchmesser) gemessen. Das Längenübermaß bleibt dabei unberücksichtigt. Der Mittendurchmesser wird auf ganze cm abgerundet.

Bloche bis 19 cm Durchmesser mißt man nur einmal.

Bloche ab 20 cm Durchmesser werden zweimal gemessen.

Mittendurchmesser für die Volumsberechnung bei Blochen ab 20 cm Durchmesser (d_m) ergibt sich somit aus $d_1 + d_2 : 2$

Beispiel: d_1: 21,5 cm ergibt für die Berechnung 21 cm
d_2: 22,5 cm ergibt für die Berechnung 22 cm
$d_1 + d_2 : 2 = 21$ cm + 22 cm : 2 = 21,5 cm
ergibt für die Berechnung 21 cm.

SCHNITTHOLZ

HOLZEINSCHNITTARTEN

Das gewonnene Rundholz (Bloch) wird am stärkeren Ende Stammende, am schwächeren Ende Zopfende genannt.

Je nach Holzart, Stammdurchmesser und Verwendung wird das Rundholz wie folgt eingeschnitten:

Scharfschnitt: für unbesäumte Bretter bzw. Pfosten

Prismenschnitt: für unbesäumte Bretter bzw. Pfosten

Einfacher Riftschnitt: für besäumte Bretter mit stehenden Jahresringen

Edelriftschnitt: für besäumte Bretter mit stehenden Jahresringen sowie für Kernbretter bzw. Kernpfosten

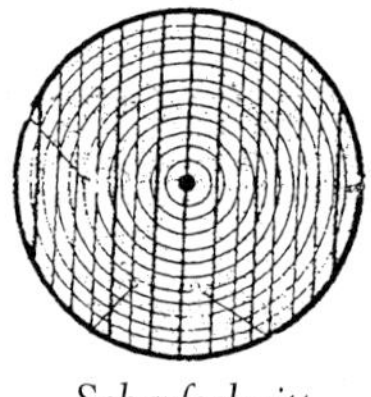

Scharfschnitt

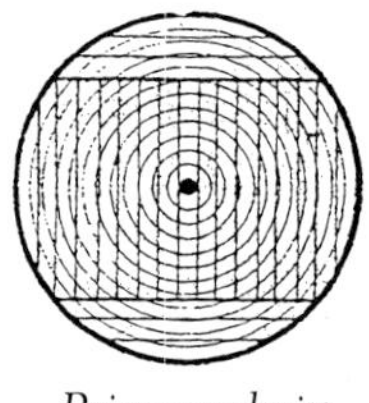

Prismenschnitt

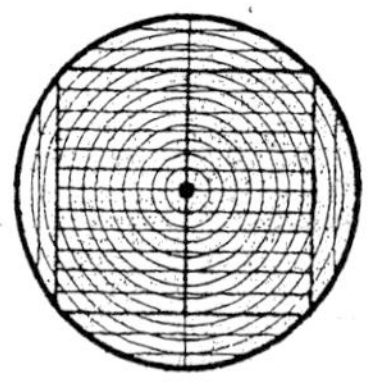

Einfacher Riftschnitt

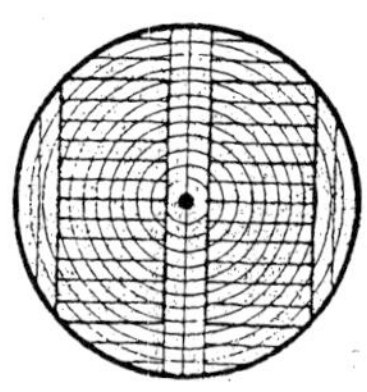

Edelriftschnitt

Quartierschnitt: für unbesäumte Bretter mit stehenden Jahresringen
Halbholz: für Kanthölzer
Kreuzholz: für Staffeln und Kanthölzer

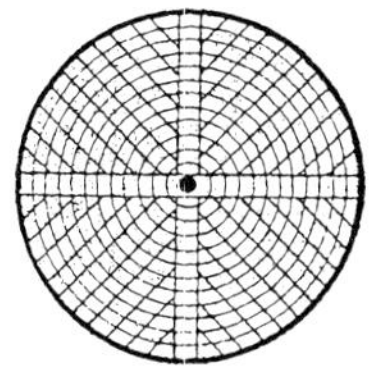

Quartierschnitt

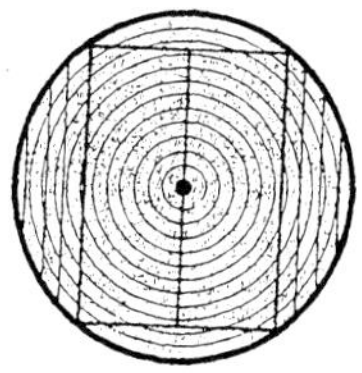

Halbholz

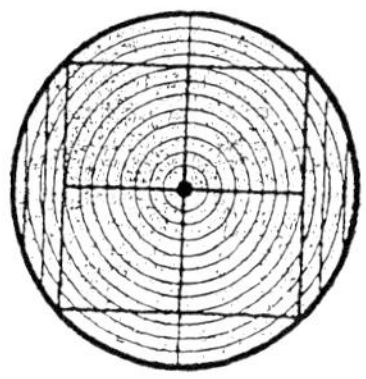

Kreuzholz

Begriffe

Unbesäumte Ware: mit Baumwalze
Besäumte Ware: ohne Baumwalze
Dimensionsware: nach Bestellung
Schmalware (Nadelholz): 8 cm bis 16 cm Breite
Breitware (Nadelholz): ab 17 cm Breite
Spaltware: unter 12 mm Dicke
Kürzungsware: von 1 m bis 2,75 m Länge

Sortimente

Bretter: bis 37 mm Dicke
Pfosten: ab 38 mm Dicke
Latten: bis 39 mm Dicke und bis 59 mm Breite
Staffeln: quatratischer oder rechteckiger Querschnitt von 40 mm x 40 mm bis 100 mm x 100 mm oder bis 100 cm² Querschnittfläche
Kanthölzer: über 100 mm x 100 mm oder über 100 cm² Querschnittfläche

Die Maße für das Schnittholz gelten für lufttrockenes Holz. Im Sägewerk muß frisches Rundholz dementsprechend dicker und breiter eingeschnitten werden.
Bretter und Pfosten werden unbesäumt, konisch besäumt oder parallel besäumt gehandelt.

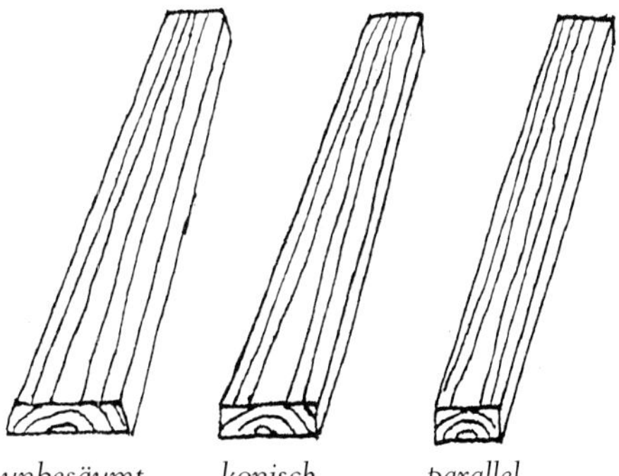

unbesäumt *konisch* *parallel*

SCHNITTHOLZMESSUNG

Die Schnittholzmenge kann durch die Ermittlung des Flächeninhaltes in m² oder des Volumens in m³ (auf 3 Dezimalstellen) angegeben werden.

Längenmessung

Nadelholz: von 1 m bis 2,75 m Länge, von 25 cm zu 25 cm steigend. Ab 3 m Länge von 50 cm zu 50 cm steigend
Laubholz: ab 1 m Länge von 10 cm zu 10 cm steigend.
Bei Zwischenlängen wird immer auf die nächste Stufe abgerundet.

Breitenmessung

Bei unbesäumten Brettern bzw. Pfosten:

Bei Dicken unter 40 mm wird schmalseitig gemessen.

Bei Dicken über 40 mm wird beidseitig gemessen (arithmetisches Mittel der Schmal- und Breitseite auf ganze cm runden – bei 0,4 cm abrunden, bei 0,5 cm aufrunden).

Bei parallel besäumten Brettern bzw. Pfosten: an einer beliebigen Stelle.

Bei konisch besäumten Brettern bzw. Pfosten: nur in der Längenmitte.

Dickenmessung

Die Dicke eines Brettes bzw. Pfostens kann ab 15 cm von den Hirnholzenden an jeder beliebigen Stelle gemessen werden.

SCHNITTHOLZGÜTEKLASSEN

Die Güteklassen berücksichtigen:

- Dimension (Länge)
- Allgemeine Beschaffenheit (gesund, feinjährig ...)
- Äste (Anzahl, Größe, Punktäste ...)
- Harzgallen (Anzahl, Größe ...)
- Risse (Ringschäle, Endrisse ...)
- Kernröhre (zulässig oder nicht zulässig...)
- Farbe (Verfärbung zulässig, blank ...)
- Pilz- und Insektenbefall
- Krümmung: bei unbesäumter Ware
- Baumwalze: bei besäumter Ware

Das Schnittholz wird in den Güteklassen 0, I, II, gute III, grobe III und IV gehandelt. Bei Nadelholz gibt es spezielle Sortierungen: „Tischlerware“ (0 bis II, 0 bis gute III)

Begriffe der Schnittholzsortierung

- *Spiegelware:* Das Holz ist annähernd in Richtung der Markstrahlen geschnitten. Kernbretter enthalten die Markröhre
- *Blank:* Das Holz hat keine Verfärbungen und Vergrauungen bzw. diese müssen mit einem Hobelstoß (1 mm) entfernt werden können
- *Feinjährig:* Das Holz hat enge, annähernd gleichmäßige Jahresringe; bei Nadelholz bedeutet dies, daß auf 1 cm Breite 6 oder mehr Jahresringe vorhanden sind
- *Grobjährig:* Das Holz hat breite Jahresringe, der Abstand zwischen den einzelnen Jahresringen beträgt bei Nadelholz über 6 mm
- *Gesund:* Das Holz ist frei von Pilz- und Insektenbefall
- *Pfeilhöhe:* Gibt die Krümmung eines unbesäumten Brettes an. Sie wird in cm pro Laufmeter Brettlänge gemessen

Schnittholzgüteklassen

Schnittholzsortierung Fichte/Tanne

Die Breite beträgt 8 cm und mehr, 1 großer fester Ast entspricht 2 kleinen Durchfallästen oder 1 Flügelast bis 3 cm Breite

Holzmerkmale	Klasse 0	Klasse I	Klasse II	Gute Klasse III	Grobe Klasse III	Klasse IV
Dimension (Länge)	4–6 bis 15% 3 m aufwärts	4–6 m bis 15% 3 m aufwärts	4–6 m bis 15% 3 m aufwärts	4–6 m bis 30% 3 m aufwärts	3–6 m	3–6 m
Allgemeine Beschaffenheit	gesund nicht grobjährig Buchs und Drehwuchs ausgeschlossen	gesund nicht grobjährig praktisch buchsfrei ausgeschl. Drehwuchs	gesund praktisch buchsfrei ausgeschl. Drehwuchs	gesund Buchs in Streifen bei max. 25% bis 1/4 der Breite	gesund Buchs zulässig	gesund Buchs zulässig nagelfest
Äste	Punktäste vereinzelt zulässig 1 kleiner feste Ast je 2 lfm oder 1 mittlerer fester Ast im letzten Drittel oder 1 Harzgalle 0,5 × 5 cm	Punktäste zulässig kleine feste Äste beschränkt 1 kleiner loser Ast je 2 lfm 1 mittlerer fester Ast im letzten Viertel oder 1 Flügelast bis 2 cm Breite	Punktäste und kleine fest Äste zulässig 1 kleiner loser Ast je lfm 1 großer fester Ast oder 1 Flügelast bis 3 cm Breite	Punktäste und kleine feste Äste zulässig 2 große feste Äste je lfm 1 mittlerer fester Ast je lfm oder 1 Flügelast bis 3 cm Breite	Punktäste, kleine und mittlere feste Äste zulässig große feste Äste beschränkt 1 mittlerer loser Ast je lfm oder 1 loser Ast ohne Größenbeschränkung je 2 lfm	zulässig
Harzgallen	Siehe Äste	vereinzelt 0,5 × 5 cm zulässig	2 Stk. 0,5 × 5 cm oder 1 Stk. 1 × 10 cm	2 Stk. 0,5 × 5 cm vereinzelt 1 Stk. 1 × 10 cm	zulässig	zulässig
Risse	keine Ringschäle bei einzelnen Stücken gerade Endrisse, nicht länger als die Breite des Stückes	keine Ringschäle bei einzelnen Stücken gerade Endrisse, nicht länger als die Breite des Stückes. Vereinzelt gerade, seichte Risse, nicht länger als die Breite des Stückes (2. Seite rißfrei) Kernrisse sind im Maß zu vergüten	wie Klasse I	durchgehende gerade und schräge Endrisse, nicht länger als die Breite des Stückes seichte Risse auf allen Flächen, wenn sie ungefähr parallel zur Kante verlaufen	Endrisse, die nicht länger als das 1,5fache der Breite des Stückes durchgehende gerade und gerade schräge Flächenrisse, nicht länger als die doppelte Breite des Stückes seitliche schiefe Flächenrisse, nicht länger als die Breite des Stückes	Risse zulässig Eine Verwendung als Nutzholz muß noch möglich sein
Kernröhre	keine	zulässig (Bretter) kerngetrennt (Pfosten)	zulässig (Bretter) kerngetrennt (Pfosten)	zulässig	zulässig	zulässig
Farbe	blank	blank	blank	leichte Verfärbung zulässig	Verfärbung zulässig	Verfärbung zulässig
Pilz- und Insektenbefall	keiner	keiner praktisch frei von Rotstreif	keiner harter Rotstreif bei 40% bis 1/10 der Oberfläche	keiner harter Rotstreif bis 25% der Oberfläche	keiner harter Rotstreif bis 40% der Oberfläche	leichter Befall zulässig kleine Faulstellen Hartbräune Rotstreif
Krümmung (bei unbesäumter Ware)	bis 1,5 cm Pfeilhöhe je lfm	bis 1,5 cm Pfeilhöhe je lfm	bis 1,5 cm Pfeilhöhe je lfm	bis 2 cm Pfeilhöhe je lfm	bis 2 cm Pfeilhöhe je lfm	bis 3 cm Pfeilhöhe je lfm
Baumwalze (bei besäumter Ware, Dicke schräg gemessen)	bei Breitware an einzelnen Stücken bis 1/4 der Länge, 1/4 der Dicke	bei Breitware an einzelnen Stücken bis 1/4 der Länge, 1/4 der Dicke	Einzelne Stücke bis 1/4 der Länge, 1/2 der Dicke oder 1/2 der Länge, 1/4 der Dicke	1/2 der Länge, 1/2 der Dicke zulässig	1/2 der Länge, Dicke des Stückes zulässig	ganze Länge jedoch von Säge gestreift

Vergleiche rm, fm, m³

Festmeter (fm):
für Rundholz

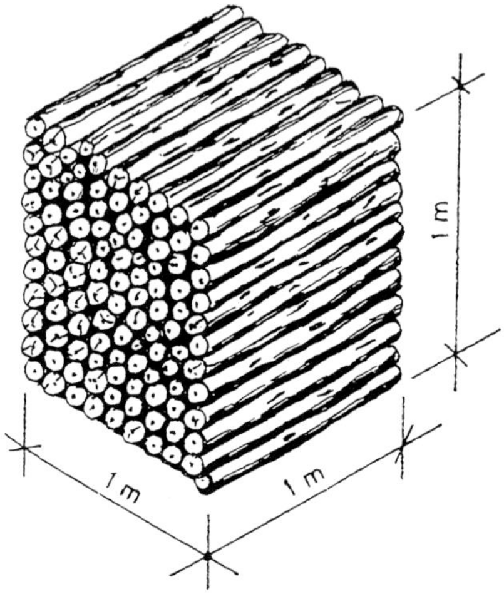

Raummeter (rm): *für Schlichtholz, Spreißel*

Hinweis: 1rm ≈ 0,75 fm Rundholz
1rm = 1 m³ Schlichtmaß
1fm = 1 m³ Schnittholz

Umrechnungen von fm in rm
fm: Festmeter – rm: Raummeter
- Spreißel: 1 rm = 0,60 fm
- Hackgut: 1 rm = 0,35 fm
- Sägespäne: 1 rm = 0,33 fm
- Hobelspäne: 1 rm = 0,25 fm
- Rinde: 1 rm = 0,25 fm
- Kappabschnitte: 1 rm = 0,37 fm

Heizwertvergleiche
1000 l Heizöl können ersetzt werden durch:
- 5 bis 6 rm Laubholz (Hartholz)
- 7 bis 8 rm Nadelholz (Weichholz)
- 10 bis 15 rm Hackgut

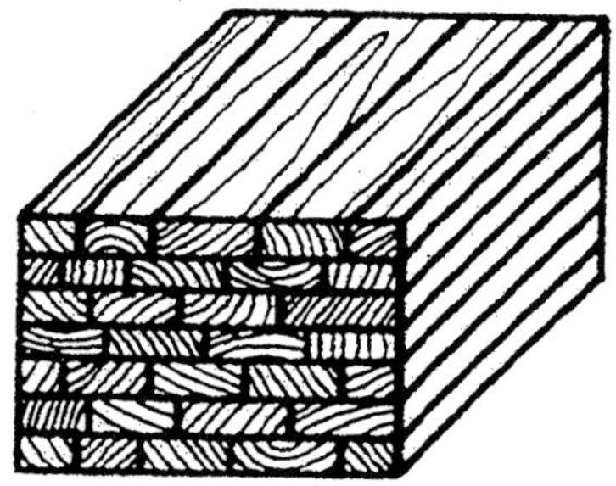

Kubikmeter (m³): *für Schnittholz*

EIGENSCHAFTEN DES HOLZES

Feuchtegehalt

Um ein zufriedenstellendes Werkstück zu bekommen, benötigt man Holz, das der Gebrauchsfeuchte entspricht. Darunter versteht man jene Feuchtigkeit des Holzes, die dieses im Gebrauchszustand einmal annehmen wird. Bei der Holzverarbeitung soll dieser Feuchtigkeitswert schon vorhanden sein.
Der notwendige Feuchtegehalt ist von der Art des Werkstückes bzw. dessen Standort abhängig. Er wird in Prozent, bezogen auf das Darrgewicht (im Holz befindet sich überhaupt keine Feuchtigkeit mehr), angegeben.

Feuchtegehalte
- Frisch gefälltes Holz: 30 % bis 150 %
- Frisch eingeschnittenes Holz: 30 % bis 50 %
- Fasersättigungszustand: 25 % bis 30 %
- Lufttrockenes Holz: 12 % bis 15 %
- Bauholz: 10 % bis 15 %
- Möbelholz: 6 % bis 10 %
- Darrtrockenes Holz: 0 %

Die Holzfeuchtebestimmung kann mittels Holzfeuchtemeßgerät (elektrisches Verfahren) erfolgen.

Wassergehalt
Im saftfrischen Zustand sind die Zellwände und Zellhohlräume des Holzes mit Wasser gefüllt. Es wird unterschieden zwischen dem
- tropfbaren (freien) Wasser; dieses befindet sich in den Zellhohlräumen, das Holz hat über 30 % Holzfeuchte – und dem
- gebundenen Wasser; dieses befindet sich in den Zellwänden, das Holz hat 30 % Holzfeuchte. Können die Zellwände kein Wasser mehr aufnehmen, dann spricht man vom sogenannten Fasersättigungspunkt.

Fasersättigungspunkt
Dieser liegt ungefähr bei 30 % Holzfeuchte. Ab diesem Bereich schwindet das Holz fortlaufend bis zur Erreichung der Gleichgewichtsfeuchte am jeweiligen Verwendungsort.

Verarbeitungsfeuchte
Es ist ganz wesentlich, das Holz vor der Verarbeitung in seiner Feuchtigkeit dem jeweiligen Verwendungszweck anzupassen:
- *Bauholz im Freien:* 18 % Holzfeuchte
- *Gartenmöbel, Schiffbau:* 15 % bis 18 % Holzfeuchte
- *Fensterbau, Außentüren:* 12 % bis 15 % Holzfeuchte
- *Holz für ofenbeheizte Räume:* 10 % bis 12 % Holzfeuchte
- *Holz für zentralbeheizte Räume:* 7 % bis 10 % Holzfeuchte

Quellen und Schwinden

Das Quellen und Schwinden des Holzes, somit eine Formveränderung eines Brettes, ist untrennbar mit der Holzfeuchtigkeit verbunden. Durch die Aufnahme und Abgabe von Feuchtigkeit ändern sich Volumen und Form des Holzes.
Quellen = Volumenvergrößerung durch die Feuchtigkeitsaufnahme
Schwinden = Volumenverkleinerung durch die Feuchtigkeitsabgabe an die Umgebung.
Das Schwinden und Quellen zeichnet somit für das Werfen und Verziehen eines Brettes verantwortlich. Diese Veränderung nennt man „Arbeiten des Holzes“.
Die Ursachen hiefür liegen in folgenden Eigenschaften der Holzes begründet:

- Holz ist hygroskopisch. Das Holz hat die Eigenschaft, Wasser aus der Luft aufzunehmen und an diese wieder abzugeben.
- Holz ist anisotrop: Das Holz hat die Eigenschaft, in den einzelnen Richtungen (axial, tangential, radial) unterschiedlich zu schwinden und zu quellen.

Schwindrichtungen des Holzes

- **Axial:** in Richtung der Holzfaser 0,1 % bis 0,3 %; dieser Wert ist so gering, daß er für die Verwendung von Holz im Freien nicht berücksichtigt werden muß.
- **Radial:** in Richtung der Markstrahlen (von der Rinde zur Markröhre) 3 % bis 5 %.
- **Tangential:** in Richtung der Jahresringe 6 % bis 10 %.

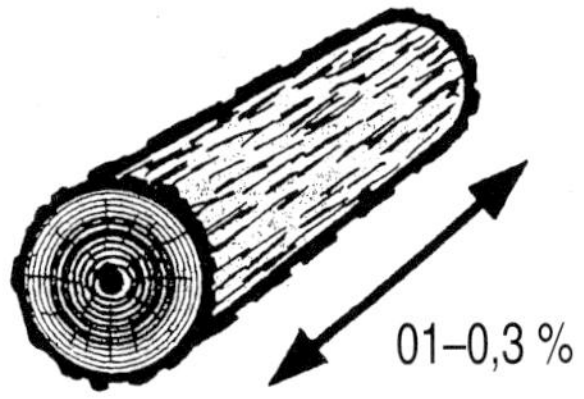

Axial:
Richtung der Holzfasern

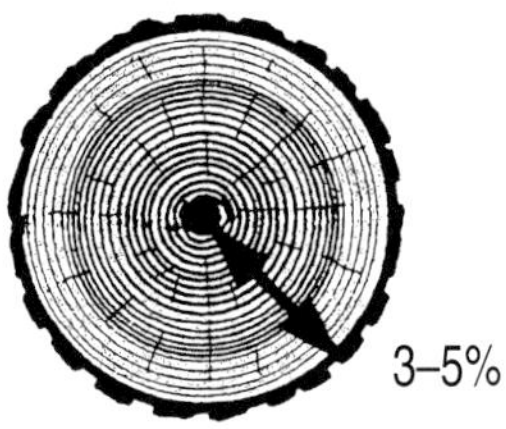

Radial:
Richtung der Markstrahlen

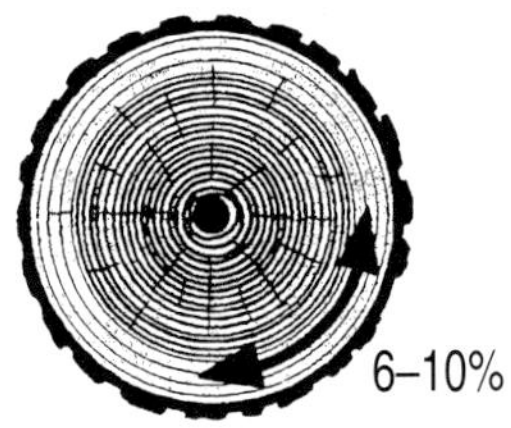

Tangential:
Richtung der Jahresringe

Formveränderung eines Brettes

Beim Trocknen des Holzes kommt es zu einer Formveränderung des ursprünglich rechteckigen Querschnittes eines Brettes. Die durchgehenden Jahresringe ziehen sich stark zusammen, dadurch krümmt sich der Brettquerschnitt im Bereich dieser Jahresringe.

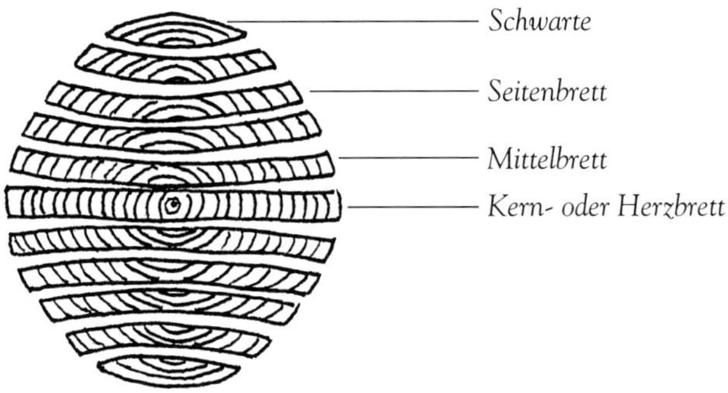

Das bedeutet für die Verarbeitung von Brettern bzw. Pfosten:

- Bei Kernbrettern: Die geschlossenen Jahresringe im Kernbereich verursachen eine Rißbildung mit Knickung des Brettes. Der Kern muß daher herausgeschnitten bzw. auseinandergetrennt werden.
- Bei Seitenbrettern: Die durchgehenden Jahresringe bewirken eine Verkrümmung des Brettes. Die Seitenbretter müssen daher aufgetrennt werden.

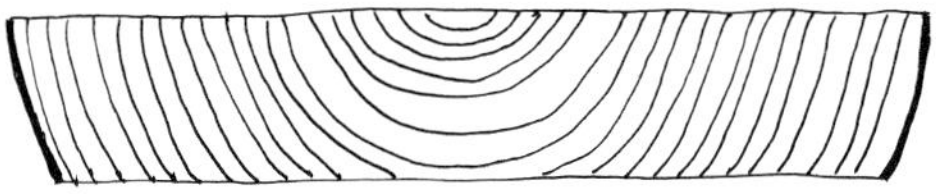

Seitenbretter vor der Trocknung

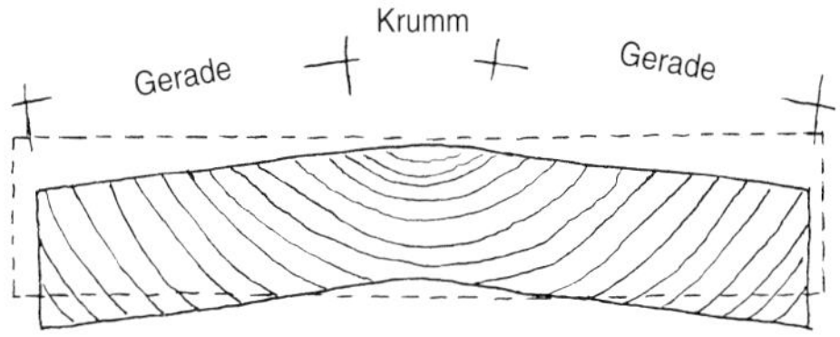

Seitenbretter nach der Trocknung

Maßnahmen zur Minderung des Arbeitens des Holzes

- Holzauswahl: Feinjähriges Holz verwenden.
  Mittelbretter bzw. Kernbretter verarbeiten.
- Holztrocknung: Die Holzfeuchte muß vor der Verarbeitung dem jeweiligen Verwendungszweck angepaßt werden.

Maßnahmen gegen die Formveränderung

Da das Arbeiten des Holzes nicht zur Gänze verhindert werden kann, muß folgendes berücksichtigt werden:

- Grat- bzw. Anfaßleisten verhindern das Werfen eines Brettes.
- Auf die richtige Breitenverleimung von Seitenbrettern achten.

LAGERUNG

HOLZTROCKNUNG

Wie bereits erwähnt, ist Holz ein hygroskopischer Werkstoff. Das heißt: Nasses Holz gibt Feuchtigkeit an die trockene Luft ab. Trockenes Holz nimmt Feuchtigkeit von der relativ feuchteren Luft auf.

Trocknungsarten

Holz kann auf natürliche Weise (Freilufttrocknung) oder auf technische Weise (Trockenkammern) getrocknet werden.

Natürliche Holztrocknung – Freilufttrocknung

Diese Art der Trocknung erfolgt durch Lagerung des Holzes im Freien, unter Dach bzw. in der Werkstätte. Die natürliche Luftbewegung entzieht dem Holz die Feuchtigkeit. Diese Art der Trocknung erfordert daher größere Zeit- sowie größere Lagerräume. Die Zeitspanne, in der das Holz auf den für die Verarbeitung notwendigen Feuchtewert gebracht werden kann, hängt von der jeweiligen Holzart und -dicke ab.

Ungefähre Trocknungszeit je 1 cm Holzdicke:
- 3 bis 6 Monate bei Nadel- bzw. weichem Laubholz
- 6 bis 12 Monate bei hartem Laubholz.

Stapelplatz
Der Stapelplatz sollte frei liegen, so daß die natürliche Luftbewegung nicht behindert wird, weiters sollte er eben, trocken und grasfrei sein.

Anlage des Stapels
Eine Stapelanlage sollte möglichst so angelegt werden, daß die Längsrichtung des Stapels quer zur Hauptwindrichtung liegt. Das ist in unseren Breiten eine Nord-Süd-Richtung.
Der Abstand der Stapelsteine beträgt 1 m bis 1,5 m, die Breite des Stapels sollte 1 m bis 2 m betragen. Zu breite Stapel erschweren die Durchlüftung und somit den Trocknungsprozeß. Die Balken sind mit einer Wasserwaage genau einzurichten, damit sich die zu stapelnden Bretter und Pfosten nicht verziehen. Die Zwischenhölzer und Balken sind mit einem Holzschutzmittel zu imprägnieren.

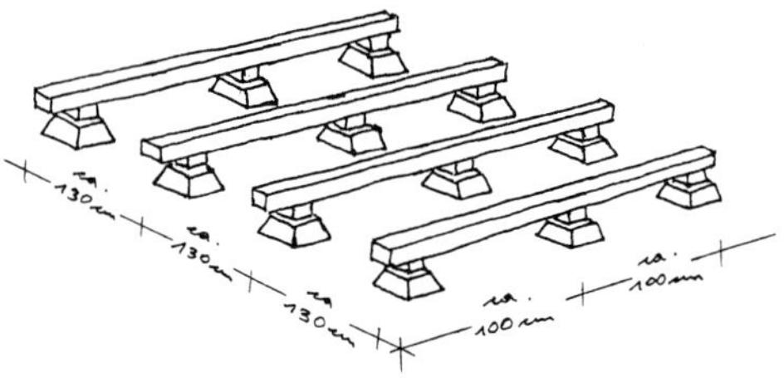

Stapelunterbau

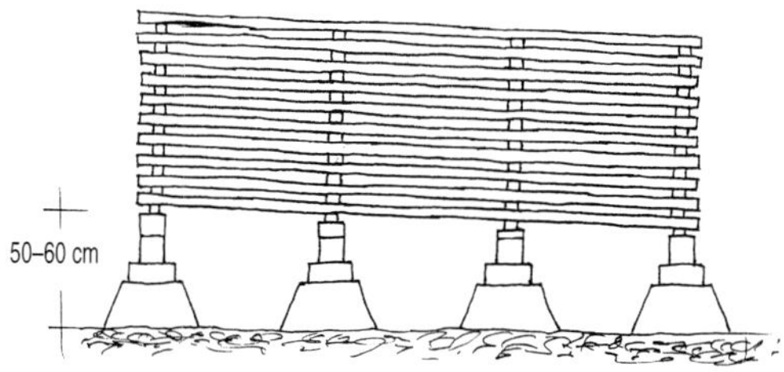

Bretterstapel – Gefälle bei 4 m – ca. 10 cm

Stapelarbeit
In einem Stapel sollen Bretter von jeweils gleicher Dicke und gleicher Holzart gestapelt werden (Trocknungszeit). Sind Bretter ungleich lang, so müssen die langen unten, die kurzen oben im Stapel eingebunden werden. Um einen Luftdurchzug zu ermöglichen, kommen Stapelleisten (Spandeln) dazwischen.
Ihre Dicke beträgt 15 mm bis 30 mm, wobei sich diese nach der Dicke des zu stapelnden Holzes richtet. Dickes Holz – dickere Stapelleisten. Die Stapelleisten müssen genau übereinander gelegt werden. Die Endstapelleisten sollen an der Vorderseite (Hirnholz der Bretter) bündig sein bzw. ein wenig vorstehen.
Die Hirnenden des Stapelgutes müssen vor zu raschem Austrocknen geschützt werden. Dies geschieht durch folgende Maßnahmen:
- Endstapelleisten vorstehen lassen
- An den Hirnenden Leisten aufnageln
- Hirnenden mit Dispersionsleim anstreichen
- An den Hirnenden Wellblech einschlagen

Dies verhindert ein Einreißen an den Hirnenden.
Der Stapel muß überdies vor Regen und direkter Sonneneinstrahlung geschützt werden. Daher ist für eine sorgfältige Stapelabdeckung zu sorgen.

Stapelarten

- **Kastenstapel:** Bei dieser Stapelart wird besäumte und unbesäumte Schnittware von unterschiedlicher Breite gestapelt.
- **Kreuzstapel:** Diese Art der Stapelung wird für schmale und kurze Schnittware verwendet.
- **Blockstapel:** Hier werden stammweise alle aus einem Stamm gewonnenen Pfosten bzw. Bretter zusammengehörig gestapelt.

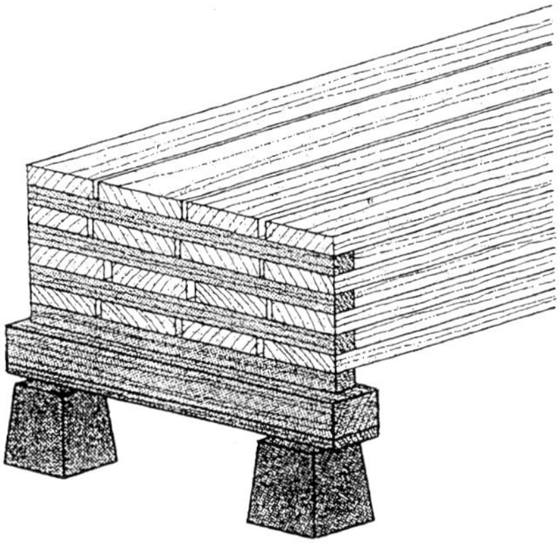

Kastenstapel

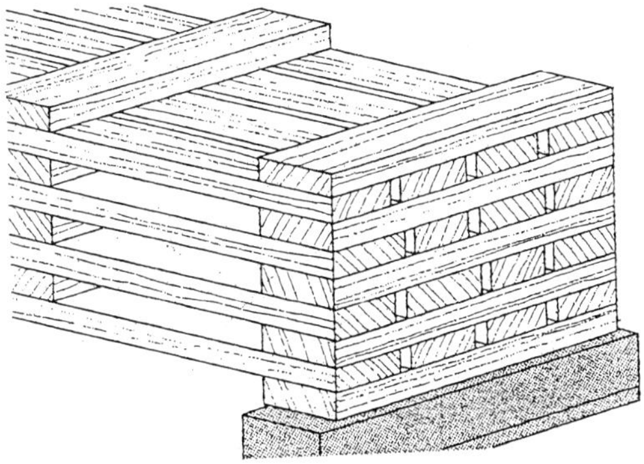

Kreuzstapel

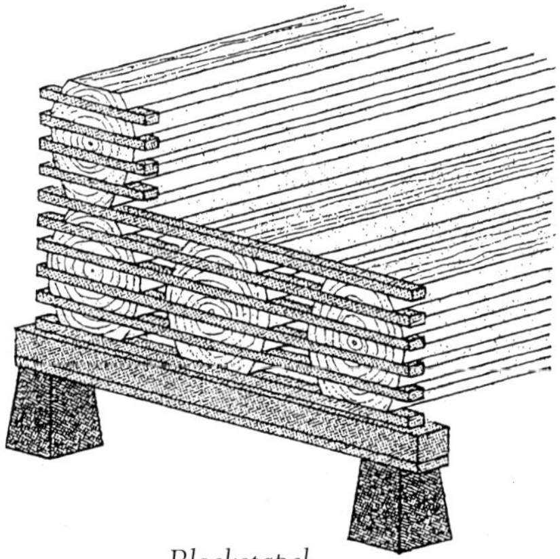

Blockstapel

Technische Trocknung

Die technische Holztrocknung erfolgt in Trockenkammern. Durch Wärmezufuhr und Luftbewegung mit Hilfe von Ventilatoren verkürzt sich die Trocknungszeit wesentlich. Es kann dabei jede gewünschte Holzfeuchte erreicht werden. Eine computergesteuerte Anlage ermöglicht eine exakte, schonende Trocknung. Technisch getrocknetes Holz muß, wenn es nicht unverzüglich verarbeitet wird, in Lagerräumen zwischengelagert werden, da sonst die äußeren Witterungseinflüsse den Feuchtegehalt des Holzes wieder erhöhen würden.

Wichtige Hinweise und Regeln

- **Ahorn** sollte im Schuppen vor der Stapelung in einem Holzstapel zuerst stehend gelagert werden, damit die schöne weiße Farbe erhalten bleibt.
- **Nußbaumbloch** erst dann einschneiden, wenn die Rinde vom Stamm abfällt. Das Schnittholz möglichst im Schuppen trocknen.
- **Ulme (Rüster)** sollte wegen starker Rißbildung unmittelbar nach dem Fällen eingeschnitten und gestapelt werden.
- **Rotbuche** soll wegen der Verstockungsgefahr trocken und sonnenfrei im Schuppen gelagert werden.

Verwendung und Verarbeitung

Holzauswahl

Die Holzauswahl beginnt bei der richtigen Verwendung der jeweiligen Holzart:

- Für stark der Witterung ausgesetzte Bereiche wird Lärchen-, Akazien-, Eichenholz verwendet.
- Für wenig bewitterte Bereiche kann Fichten-, Tannen- oder Kiefernholz verwendet werden.
- Kern- und Mittelbretter finden eine Verwendung für Friese (senkrechte und waagrechte Teile einer Türe bzw. eines Rahmens).
- Seitenbretter verwendet man für Füllungen.
- Bei der Eiche darf der Splint nicht verwendet werden.
- Bei Verwendung von Lärchenholz im Freien ist der Splint ebenso nicht zu verwenden.

Holzzuschnitt

Formveränderung eines Brettes: Beim Trocknen kommt es zu einer Formveränderung des ursprünglich rechteckigen Querschnittes eines Brettes. Die durchgehenden Jahresringe ziehen sich stark zusammen, dadurch krümmt sich der Brettquerschnitt im Bereich dieser Jahresringe. Diesen Vorgang nennt der Fachmann „Werfen".

Dies bedeutet für den Zuschnitt von

- **Kernbrettern:** Die geschlossenen Jahresringe im Kernbereich bewirken eine Rißbildung mit darauffolgender Knickung. Der Kern muß daher auf- und herausgeschnitten werden. Die Bretthälften verändern zwar ihre Dicke und Breite, bleiben aber gerade und an der Kante rechtwinkelig.

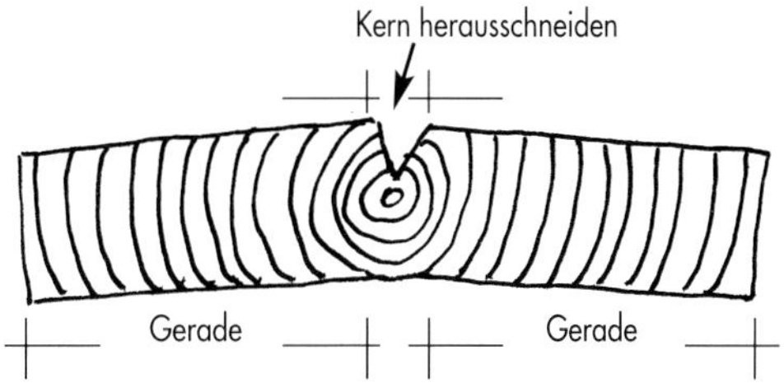

- **Seitenbretter:** Die durchgehenden Jahresringe bewirken eine Verkrümmung. Seitenbretter müssen daher aufgetrennt werden. Die Bretthälften verändern ihre Dicke und Breite. Sie bleiben zwar gerade, doch ändern sich ihre Kantenwinkel.

Formänderung

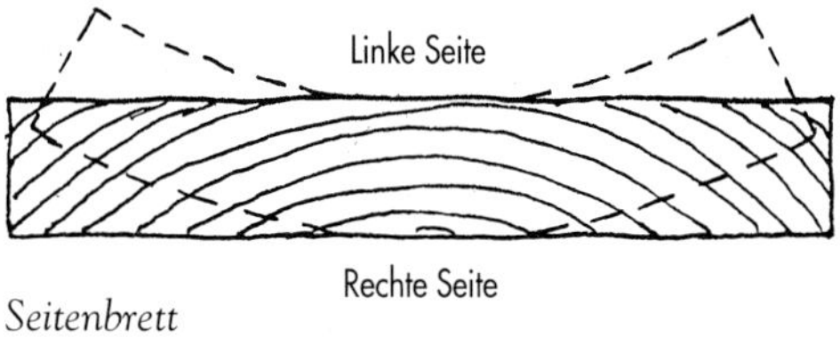

Seitenbrett

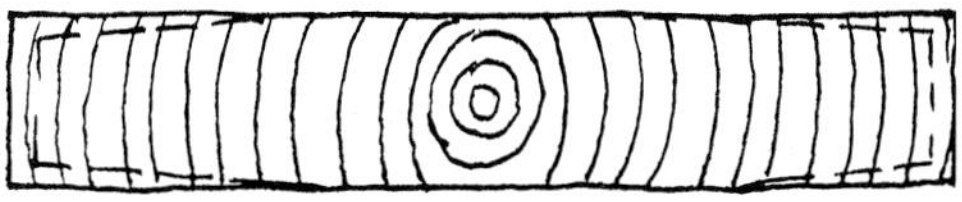

Mittelbrett

Maßnahmen gegen die Formveränderung

Da das Arbeiten des Holzes nicht verhindert werden kann, muß folgendes bei der Verarbeitung berücksichtigt werden:

- Kern unbedingt herausschneiden
- Seitenbretter durchtrennen, damit so wenig wie möglich durchgehende Jahresringe vorhanden sind
- Nur trockenes Holz verwenden
- Große Flächen als Rahmen ausbilden
- Rahmenfriese sollen stehende Jahresringe aufweisen und nicht breiter als 15 cm sein
- Auf richtige Breitenverleimung achten:
  Kernholz an Kernholz
  Splintholz an Splintholz
  Jedes zweite Brett stürzen (abwechselnd einmal rechte Seite und linke Seite oben)

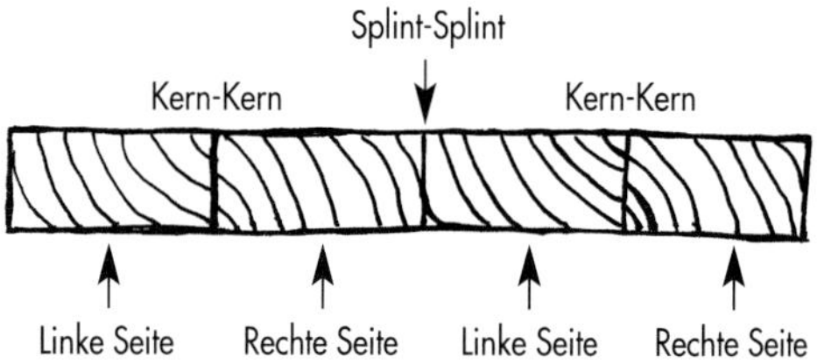

- Bei der Verleimung in der Dicke müssen die Teile mit der linken Seite zusammengeleimt werden (dadurch erreicht man eine exakte Fugenpassung)

Weitere Maßnahmen für den Holzzuschnitt

- Bei Eiche, Lärche und Kiefer unbedingt das Splintholz herausschneiden
- Seitenbretter für Füllungen verwenden
- Kern- sowie Mittelbretter für Rahmenfriese verwenden
- Größere nicht verwachsene Äste herausschneiden bzw. kleinere Äste ausbohren und ausflicken
- Harzgallen ausstechen und ausflicken
- Zu verarbeitende Bretter an den Enden ca. 3–6 cm abschneiden (kappen), da die Bretter an den Enden Einrisse und Verschmutzungen aufweisen

Besäumungsart und Verwendung

- **Unbesäumte:** für Einfriedungszäune, rustikalere Ausführungen, Verkleidungen – **Achtung:** Die Rinde muß entfernt werden!
- **Konisch besäumte:** für Einfriedungszäune, rustikalere Ausführungen
- **Parallel besäumte:** für anspruchsvollere Arbeiten, häufigste Verwendungsform

HANDWERKZEUGE

WERKZEUGE ZUM MESSEN UND REISSEN

Gliedermaßstab: Die Maßgenauigkeit leidet durch die vielen beweglichen Glieder.

Rollmeter: Beim Rollmeter muß darauf geachtet werden, daß die Anschlagzunge beweglich ist. Für Innen- und Außenmessung!

Schiebelehre: Kann zum Messen von kleinen Längen verwendet werden. Die Meßgenauigkeit liegt bei der Schiebelehre zwischen 1/10 und 1/20 mm. Es gibt drei Meßmöglichkeiten: Lichtenmessung, Dickenmessung, Tiefenmessung.

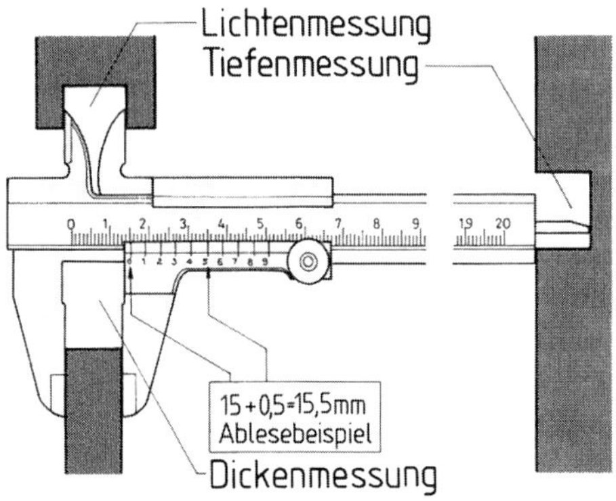

Winkelhaken: Dient zum Anreißen und Überprüfen von rechten Winkeln (90°). Winkelhaken müssen von Zeit zu Zeit auf die Richtigkeit kontrolliert werden; dazu gibt es die Umschlagmethode.

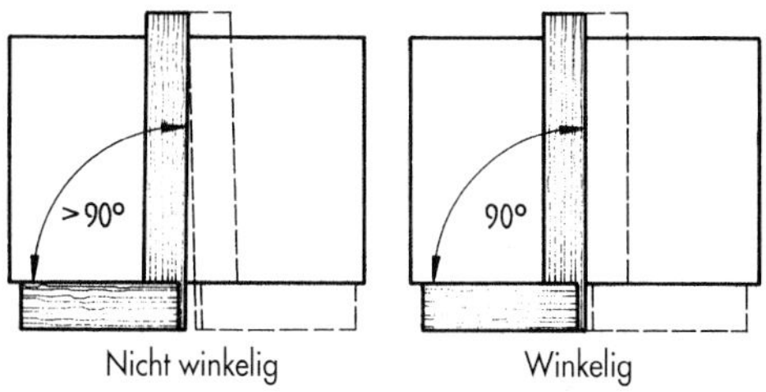

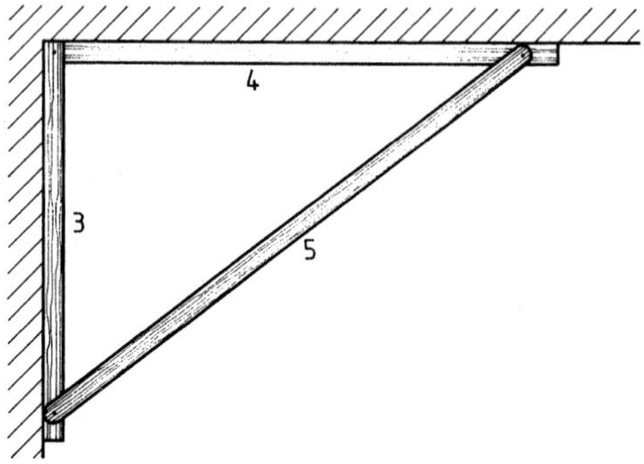

Winkelkontrolle eines Raumes: Eine einfache Kontrolle einer Raumecke wird durch die Verhältniskontrolle durchgeführt. Verhältnis: 3:4:5; z. B.: ein Teil beträgt 20 cm – daher 60 cm : 80 cm ergibt 100 cm.

Gehrungsmaß: Dient zum Anreißen von Gehrungen mit 45°.

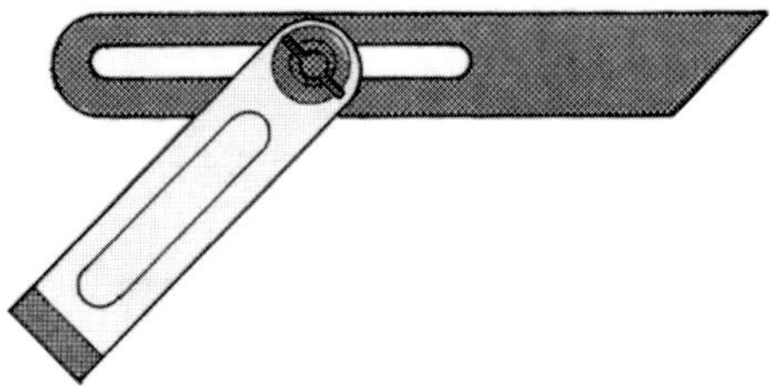

Schmiege: Diese hat eine bewegliche Zunge aus Stahl; sie wird zum Abnehmen, Übertragen und Überprüfen von Schrägen verwendet.

Wasserwaage: Dient zur Überprüfung von waagrechten und senkrechten Flächen und Kanten.

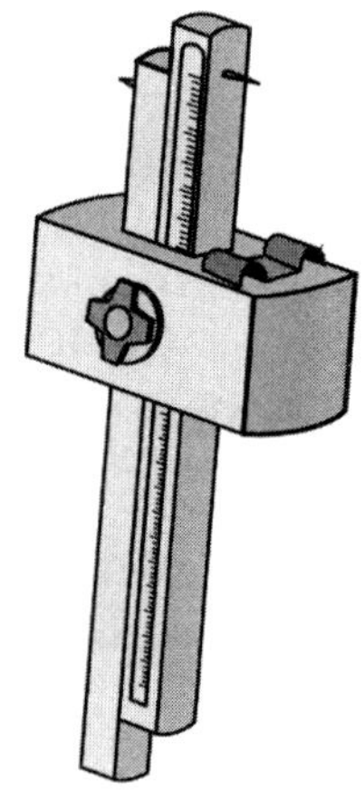

Streichmaß: Wird zum Anreißen von Holzverbindungen verwendet.

Stechzirkel und Bleistiftzirkel: Dienen zum Anreißen von gleichen Längen sowie zum Auftragen von Kreisen und Kreisbögen.

WERKZEUGE ZUM SÄGEN

Sägen werden zum Zuschneiden, Abschneiden sowie zum Herstellen von Holzverbindungen verwendet.

Gestellsägen: Gestellsägen mit einem schmalen Sägeblatt werden zum Schneiden von geschweiften Werkstücken verwendet.

Das Streichmaß wird zum Anreißen verwendet

Das Anfertigen einer Verzinkung

Der Forstnerbohrer im Einsatz

Gestellsägen mit einem breiteren Sägeblatt und kleiner Zahnteilung verwendet man für Feinschnitte quer zur Holzfaser.
Gestellsägen mit einem breiteren Sägeblatt und großer Zahnteilung verwendet man für gröbere und feine Schnitte längs zur Holzfaser.

Bügelsägen: Diese werden zum Querschneiden (groben Ablängen) von Massivholz verwendet. Eine sehr gute Schnittleistung wird durch die spezielle Zahnform und die gehärteten Sägeblätter erreicht.

Feinsägen: Sie haben eine feine Zahnteilung und sind in gekröpfter und gerader Form sowie jeweils auch mit umlegbarem Griff erhältlich.

Japansägen: Durch die sehr dünnen Sägeblätter (0,2 mm–0,7 mm) und die speziell geformten Zähne ergeben sich eine sehr gute Schnittleistung und ein sauberer Schnitt.

Gehrungssägen: Bei diesen Sägen ist eine gespannte Säge in eine Vorrichtung eingespannt, die ein genaues Gehrungsschneiden in verschiedenen Winkeln ermöglicht.

WERKZEUGE ZUM HOBELN

Unter Hobeln versteht man das gleichmäßige Abnehmen eines Spanes von der Holzoberfläche.

Schlichthobel: Dies ist ein Hobel ohne Klappe. Damit können relativ dicke Späne abgenommen werden.

Doppelhobel: Dieser Hobel hat eine Klappe und ist daher für ein fast ausrißfreies Hobeln geeignet.

Wirkung der Klappe:
Durch die Klappe wird der bei dem Hobelvorgang abzunehmende Span gebrochen. Dadurch wird das Einreißen der Oberfläche verringert.

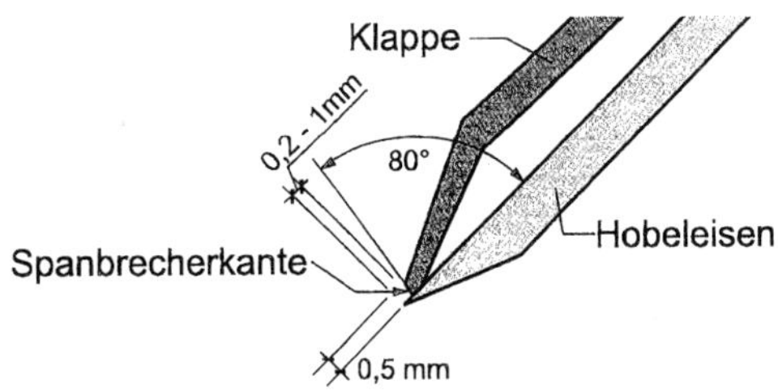

Klappeneinstellungen
0,2 mm–0,5 mm für Putzarbeiten
0,5 mm–0,8 mm für normale Hobelarbeiten
über 1 mm ist die Klappe wirkungslos

Putzhobel – Reformputzhobel: Diese Hobel sind zum ausrißfreien Putzen von Massivholzflächen und furnierten Flächen geeignet.

Simshobel: Diesen Hobel gibt es mit oder ohne Klappe; er wird zum Nachhobeln von Fälzen verwendet.

STEMM- UND STECHWERKZEUGE

Stemmeisen: Werden zur Herstellung von Holzverbindungen, zum Ausstechen von Zapfenlöchern, Einlassen von Beschlägen usw. verwendet. Stemmeisen sind in verschiedenen Breiten erhältlich. Stemmeisen mit abgeschrägtem Klingenquerschnitt ermöglichen ein sauberes Ausstechen von Ecken.

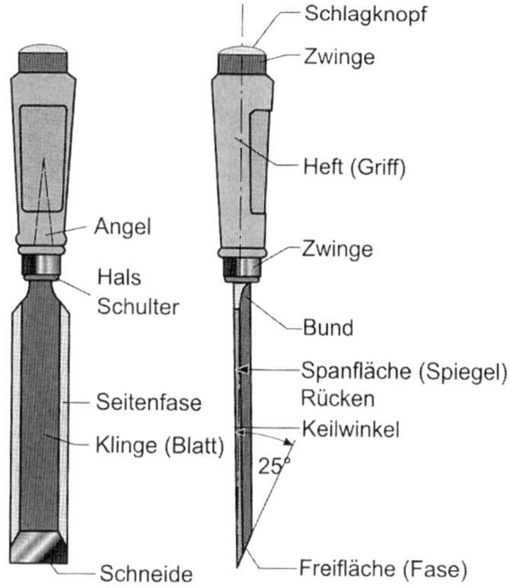

Lochbeitel: Diese werden zum Ausstechen von tiefen Zapfenlöchern verwendet. Die Klingen sind meist dicker als breit.

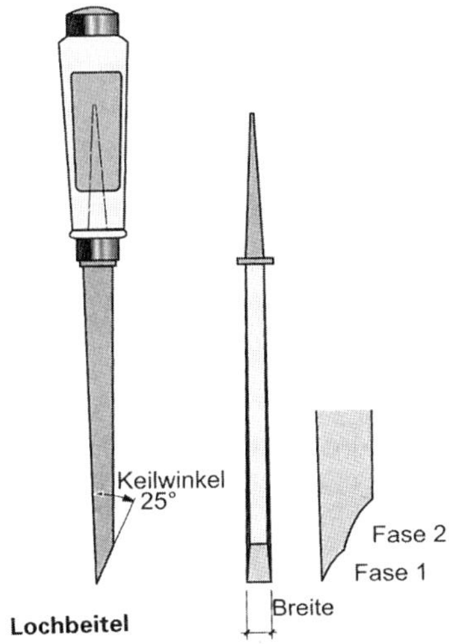

Hohleisen: Diese werden zum Nachstechen von Profilen (Hohlkehlen), zum Einlassen von runden Beschlägen und für Schnitzarbeiten verwendet.

Schärfen von Hobel-Stemmeisen

Nur ein geschärftes Hobel-Stemmeisen führt zu einem erwünschten Arbeitsergebnis. Unter Schärfen versteht man das Schleifen und Abziehen.

- **Schleifen:** Heute wird fast nur mehr maschinell geschliffen. Das manuelle Schleifen geschieht auf einem natürlichen oder künstlichen Schleifstein grober Körnung.

  Schliffarten

  Gerader oder Flachschliff: Die Schneide hält länger, jedoch nicht so scharfe Schneide.

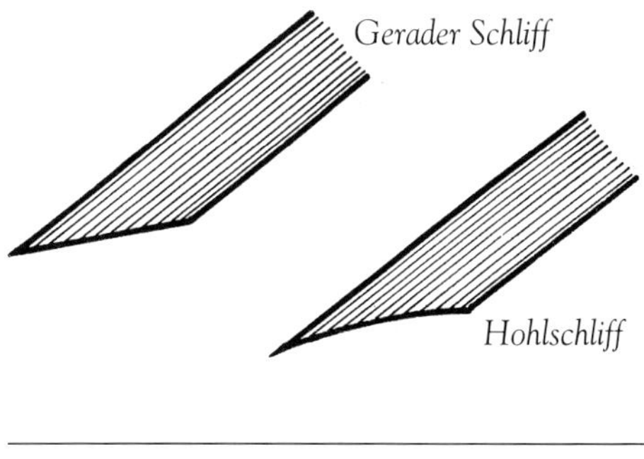

Hohlschliff: Scharfe Schneide; diese kann öfter abgezogen werden, sie kann aber auch leichter ausbrechen und stumpft rascher ab.

- **Abziehen:** Durch das Abziehen nach dem Schärfen erreicht man dic einsetzbare Schneide, dieser Vorgang wird auf einem Abziehstein feinerer Körnung oder auf der Gummischeibe am Schleifgerät durchgeführt.

WEITERE WERKZEUGE

Raspeln und Feilen: Holzraspeln und Schlichtfeilen werden für die Nachbearbeitung von Schweifungen, Ausschnitten und Bohrungen verwendet.

Schleifklötze: Für feinere Schleifarbeiten wird ein Schleifklotz aus Kork oder Holz mit einer Filz- oder Korkauflage verwendet.

Hämmer: Je nach Verwendungszweck werden verschiedene Hämmer verwendet.

Nageleisen: Das 50–100 cm lange Nageleisen mit gekröpftem Teilstück und Nagelklaue ist ein Werkzeug zum Herausziehen von Nägeln und zugleich ein kleineres Brecheisen. Das Nageleisen wird auch Brechstange, Kuh- oder Geißfuß genannt.

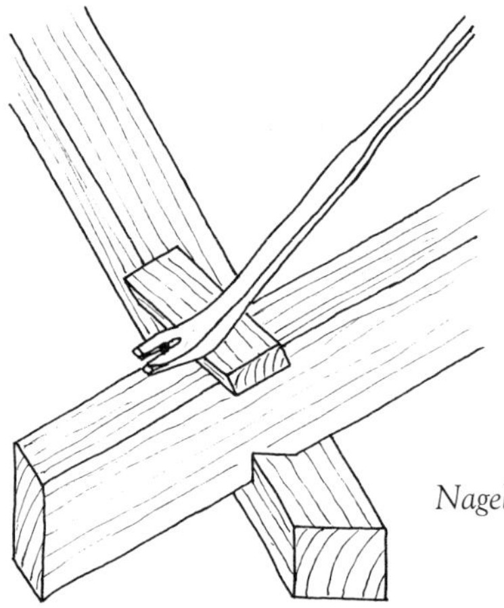

Nageleisen

Holzfehler – Holzkrankheiten – Holzschutz

Eine große Zahl von Pilzen und Insekten benutzt das Holz als Nahrung und zerstört es dabei.

Pflanzliche Holzschädlinge – Pilze

Ideale Wachstumsbedingungen für Pilze
- Holzfeuchte von 20 % bis 50 %
- Keine Luftbewegung – stehende Luft
- Dunkelheit
- Temperatur von 10° C bis 40° C

Arten von Pilzen

Hausschwamm: Ist der gefährlichste Holzzerstörer im Haus. Befallenes Holz muß entfernt und verbrannt werden. Sollte auch das Mauerwerk befallen sein, muß der Putz abgeschlagen werden. Die freigelegten Mauerfugen sind mit einer Lötlampe auszubrennen. Das Mauerwerk, nicht befallene Holzteile und das neu einzubauende Holz müssen mit einem Schwammschutzmittel behandelt werden.

Vorbeugender Schutz gegen Hausschwammbefall
- Nur trockenes Holz verarbeiten
- Wandverkleidungen hinterlüftet montieren
- Fußbodenschüttungen und Mauerwerk müssen trocken sein
- Bei nicht unterkellerten Räumen eine Feuchtisolierung anbringen
- Gefährdetes Holz mit Holzschutzmittel behandeln

Kellerschwamm: Er befällt Nadel- und Laubholz und benötigt eine Holzfeuchte von 30 % bis 60 %. Man findet ihn in Kellerräumen, auf Fußböden, Türstöcken und Holz in

Bodennähe. Das Oberflächenmyzel ist gelbbraun bis braunschwarz. Vorbeugender Schutz wie bei Hausschwammbefall.

Fäule: Zunächst kommt es zu Verfärbungen des Holzes ohne Festigkeitsverlust, später wird die Holzfaser auch zerstört.

- Blaufäule: Sie befällt hauptsächlich den Splint von Kiefern- und Lärchenholz. Der Befall erfolgt bereits im Wald am Rundholzlagerplatz.

Vorbeugender Schutz gegen Bläuepilz

- Nach dem Holzeinschnitt müssen die Bretter und Pfosten von den Sägespänen befreit und sofort gestapelt werden
- Den Splint von Lärchenholz nicht verarbeiten
- Holz nicht in feuchte Mauerteile einbauen
- Bei der Außenverwendung von Holz die Konstruktion so ausführen (konstruktiver Holzschutz), daß Regenwasser ungehindert abfließen kann.

Tierische Holzschädlinge (Insekten)

Als Holzschädlinge bezeichnen wir tierische Schädlinge, die das Holz als Brutplatz oder für Nahrungszwecke nutzen. Das Holz kann dabei teilweise oder zur Gänze zerstört werden.

Entwicklungsstadien der Insekten

Käfer bzw. Falter – Eier – Larve bzw. Raupe – Käfer bzw. Falter.

Die Entwicklungsdauer hängt von der Feuchtigkeit und von der Temperatur ab. Sie beträgt beim Hausbock 5 bis 7 Jahre, bei den Anobien 1 bis 2 Jahre. Die eigentlichen Holzzerstörer sind die Larven. Sie leben je nach Insektenart bis zu mehreren Jahren im Holz, und zwar vorwiegend im Splintholz. Je nach Art der Schädlinge werden entweder lebende Bäume, gelagertes oder verbautes Holz bzw. Nadel- und / oder Laubholz befallen.

Vorbeugender Schutz gegen Insekten

- Nur trockenes Holz verarbeiten
- Behandlung des Holzes mit Holzschutzmittel
- Bei Eichen-, Lärchen- und Nußbaumholz kein Splintholz verarbeiten

EINTEILUNG DER SCHÄDLINGE

Stammholzschädlinge	Lagerholzschädlinge	Gebäudeschädlinge
befallen stehende Bäume	befallen lagerndes Holz	befallen verbautes Holz
Fichtenspinner Borkenkäfer Kiefernspinner	Holzwespe Bockkäfer	Hausbock Anobien Holzwespe

Gebäudeschädlinge

- **Hausbock:** Der Hausbock befällt vor allem Dachstühle, Fenster, Türen und luftgetrocknetes Holz (Nadelholz). Die Käfer sind 12 bis 15 mm lang. Die bis zu 30 mm langen Larven zernagen das Holz in ovalen, unregelmäßigen Gängen. Diese Gänge sind mit hellem Fraßmehl gefüllt. Die Zerstörung wird erst sichtbar, wenn nach der Verpuppung der neue Käfer schlüpft. Die Fluglöcher sind oval, 4 bis 5 mm groß und ausgefranst.
  Bekämpfung: Die Bekämpfung des Hausbockes erfolgt durch das Entfernen der befallenen Holzteile. Anschließend werden alle umliegenden Teile mit einem Holzschutzmittel imprägniert.

- **Anobien (Nagelkäfer):** Diese befallen Möbelteile, Stiegen, Deckenbalken. Die Käfer sind 3 bis 5 mm lang, braun bis schwarz. Die Larven sind bis zu 6 mm lang, weiß, mit grauem Kopf. Die Fraßgänge werden mit Bohrmehl und Kot ausgefüllt. Die Fluglöcher sind rund, haben einen Durchmesser von 1 bis 2 mm und sind scharfkantig.
  Bekämpfung: Holzschutzmittel in Bohrlöcher injizieren. Größere Werkstücke werden mit Heißluft, Schwefelkohlenstoff oder Blausäure in Gaskammern behandelt, dies muß jedoch von fachkundigen Personen erfolgen.

- **Splintholzkäfer:** Diese befallen meist Fußböden, Verkleidungen und Möbel. Der Käfer ist 1 bis 6 mm groß, die Bohrlöcher sind rund und haben einen Durchmesser von 1 bis 2 mm, die Larven haben eine Länge von 2 bis 6 mm. Die Fraßgänge verlaufen meist längs zur Holzfaser und sind mit Bohrmehl gefüllt. Dieser Käfer ist sehr widerstandsfähig und verträgt eine Hitze bis zu 60° C. Er kann Eichen-, Eschen- und Rüsterholz befallen.
  Bekämpfung: Wie bei den Anobien.

- **Holzwespe:** Die Holzwespe hat eine Länge von 15 bis 30 mm und legt ihre Eier in lebende oder frisch gefällte Nadelbäume. Die Larven haben eine Länge bis 30 mm, die Fraßgänge sind rund und 5 mm groß. Die schlüpfenden Wespen durchfressen auch Holz von aufliegenden Teilen.
  Bekämpfung: Wie beim Hausbock.

Regeln für die Verhütung von Holzkrankheiten

- Sachgemäße Holztrocknung
- Richtige Holzlagerung
- Vorbeugende bautechnische Maßnahmen (keine Mauerfeuchte)
- Konstruktiver Holzschutz (fachgerechte Verarbeitung)
- Chemischer Holzschutz (Behandlung mit Holzschutzmitteln)

HOLZSCHUTZ

Wir unterscheiden dabei den konstruktiven und den chemischen Holzschutz. Der vorbeugende Holzschutz beginnt bereits beim Rundholz im Wald und endet bei der richtigen Verarbeitung. Z. B. wintergeschlägertes Holz verarbeiten, Rundholz entrinden, richtige Holzauswahl, bei Lärchenholz Splint nicht verarbeiten.

KONSTRUKTIVER HOLZSCHUTZ

Konstruktive Maßnahmen sind der wirksamste Schutz gegen die Zerstörung des Holzes. Der vorbeugende Holzschutz beginnt bereits beim Rundholz im Wald und schließt die richtige Verarbeitung von Brettern und Pfosten mit ein.

Maßnahmen

- Nur wintergeschlägertes Holz verwenden
- Holzfeuchte soll bei der Verarbeitung zwischen 12 % u.14 % Ausgleichsfeuchte haben
- Auswahl von geeigneten, dauerhaften Holzarten für den Außenbereich: Lärche, Kiefer, Eiche, Tanne, Teak, Ulme, Akazie
- Holz gegen aufsteigende Feuchte vom Erdbereich schützen – genügend Bodenabstand
- Bei Wandverkleidungen für genügend Luftbewegung sorgen, daher die Verkleidungen hinterlüftet auf einer Doppellattung (Konterlattung) montieren, dadurch wird eine Tauwasserbildung verhindert

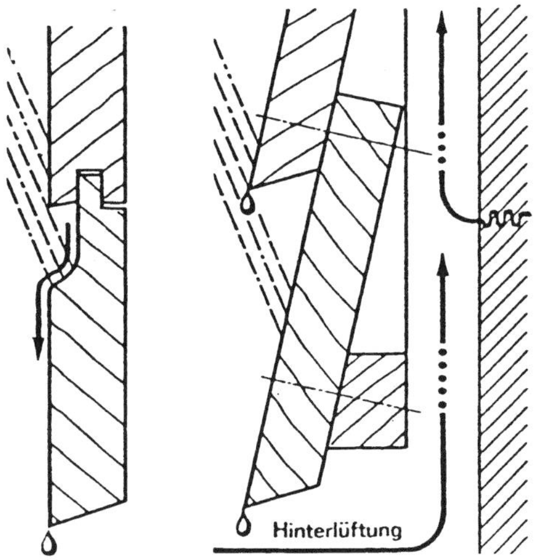

- Bei Außenverkleidungen Abtropfnase anbringen, damit das Regenwasser sicher abgeleitet wird
- Vermeidung von extremer Bewitterung: große Dachüberstände, zurückspringende Fenster- und Haustüreinbauten
- Farbgebung: Zu dunkle Farbtöne von Holzschutzmitteln bewirken eine größere Erwärmung der Holzoberflächen und führen zu Trockenspannungen und -rissen, in die Feuchtigkeit und Pilzsporen eindringen können
- Wasserfeste Leime verwenden – Beanspruchungsgruppe dieser Leime unbedingt D 3 (Angabe in der Gebrauchsanweisung)
- Holz im Außenbereich mit Holzschutzmittel behandeln
- Alle waagrechten Kanten für den Außenbereich sind schräg auszuführen
- Verwendung von nicht rostenden Beschlägen und Befestigungsmitteln
- Abgerundete Kanten gewährleisten einen besseren Halt von Lacken und Holzschutzmitteln
- Waagrechte Flächen im Außenbereich durch Blechabdeckungen schützen
- Holz im Grenzbereich Boden–Luft durch Ankohlen gegen zu frühe Verfaulung schützen

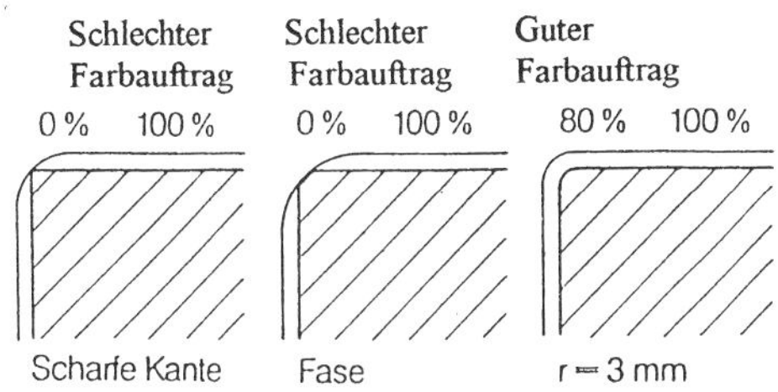

Holz im Grenzbereich Boden–Luft

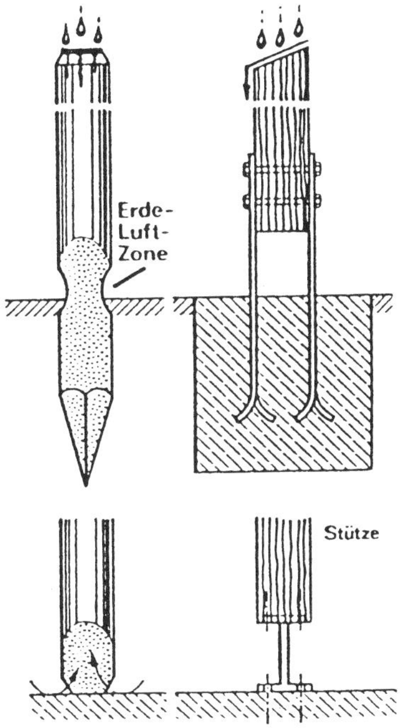

Chemischer Holzschutz

Zur vorbeugenden Behandlung und zur Bekämpfung von Insekten- und Pilzbefall werden chemische Holzschutzmittel verwendet. Da alle Holzschutzmittel Wirkstoffe (Gifte) enthalten, sind Schutzvorkehrungen für die Gesundheit des Verarbeiters erforderlich (Tragen von Handschuhen, Mundschutz).

Zusammensetzung eines Holzschutzmittels

Ein Holzschutzmittel ist ein Gemisch aus

- Wirkstoffen wie Insektizide, Mittel zur Tötung des Insekts
- Wirkstoffen wie Fungizide, Mittel zur Tötung des Pilzes

- Farbstoffen für die Farbgebung
- Bindemitteln wie natürliche und künstliche Harze zur Haftung des Holzschutzmittels
- Lösemitteln wie Wasser und Öle

Holzschutzmittel wirken zweifach, als Berührungs- und als Atmungsgift.

Holzschutzmittelarten

Grundierungen
Aufbau: farbloses, öliges Produkt, lösemittelhältig
Schutzwirkung: vorbeugend gegen Pilze und Insekten; tötet den Bläuepilz
Anwendungsbereiche: für Holz im Freien, Fenster, Holz in Feuchträumen
Verarbeitung: 1–2 Aufträge; ein Nachanstrich mit deckenden Lasuren (1–2mal) oder Farblackierung ist erforderlich

Imprägnierungen
Aufbau: ölige, farblose bis braune Mittel, lösemittelhältig
Schutzwirkung: vorbeugend gegen Pilze und Insekten; beständig gegen Witterungseinflüsse; teilweise zur Insektenbekämpfung
Anwendungsbereiche: für Holz, das der Witterung ausgesetzt ist, maßhaltige Holzteile, wo eine Holzgefährdung auftritt
Verarbeitung: 1–2 Aufträge, ein Nachanstrich ist nicht unbedingt erforderlich

Lasuren (Farbige Holzschutzmittel)
Aufbau: ölige Produkte, in zahlreichen Farben erhältlich, lösemittelhältig
Schutzwirkung: vorbeugender Schutz gegen Pilze und Insekten, beständig gegen Witterungseinflüsse
Anwendungsbereiche: für Holz, das direkt der Witterung ausgesetzt ist, Konstruktionsholz, Fenster, Naßräume
Achtung: Nicht im Innenbereich verwenden!
Verarbeitung: 2 Aufträge notwendig; ein Überzug mit einer Deckschichtlasur ist bei Teilen, die der Witterung ausgesetzt sind, notwendig

Wasserverdünnbare Lasuren enthalten nur einen Wirkstoff gegen Bläue. Sie sind lichtecht und wetterfest.
Wachshaltige lasierende Produkte beinhalten keine Wirkstoffe. Sie sind wasserabweisend und werden für Holz im Innenbereich eingesetzt.

Kennzeichnung eines Holzschutzmittels

Auf der Verpackung und auf der Gebrauchsanweisung müssen der Name des Holzschutzmittels, des Herstellers sowie die Kurzzeichen für die Wirksamkeit, das geeignete Auftragsverfahren und die Beanspruchung (Anwendungsbereich) angegeben sein.

Holzschutzmittelverteilung

- Vollschutz: Holz wird durchgehend mit Holzschutzmittel behandelt (Kesseldrucktränkung)
- Tiefenschutz: Eindringtiefe des Holzschutzmittels beträgt ca. 10 mm
- Randschutz: Eindringtiefe von einigen mm
- Oberflächenschutz: Eine bestimmte Eindringtiefe wird nicht angestrebt

Abkürzungen zur Beschreibung der Wirksamkeit

B	=	Vorbeugend wirksam gegen Bläue
BS	=	Vorbeugend wirksam gegen Schnittholzbläue
P	=	Vorbeugend wirksam gegen Pilze (Fäulnisschutz)
Iv	=	Vorbeugend wirksam gegen Insekten
Ib	=	Wirksam zur Insektenbekämpfung
W	=	Beständig gegen Witterungseinflüsse und Feuchtigkeit, erforderlich für Holz im Freien, für Holz mit dauerndem Erdkontakt und dauerndem Kontakt mit Wasser jedoch nicht geeignet
E	=	Für Holz mit dauerndem Erdkontakt und / oder dauerndem Kontakt mit Wasser
MS	=	Zur Schwammbekämpfung am Mauerwerk

Abkürzungen zur Beschreibung der Anwendungsverfahren

S	=	Streichen, Rollen
Sp	=	Spritzen
St	=	Sprühtunnelverfahren
K	=	Kurztauchen und Fluten
T	=	Tauchen (während einer Zeit von 20 Min. bis mehrere Stunden
L	=	Langzeittauchen – Trogtränkung (Behandlungszeit mindestens 24 Stunden) bis mehrere Tage)
Es	=	Einstelltränkung (Behandlungszeit mindestens 24 Stunden bis mehrere Tage)
Im	=	Impfstichverfahren, Bohrlochverfahren
KD	=	Kesseldrucktränkung

Gefährdungsklassen (GK)

GK	Beanspruchung des Holzes; Gefährdung durch Schädlinge	Anwendung des Holzes; Beispiele	Erforderliche Wirksamkeit des Holzschutzmittels
0	Keine statische Belastung des Holzes; Holzfeuchtigkeit unter 10 %; keine Gefährdung durch Schädlinge	Trockener Wohnbereich; z.B. Holzböden, Wandverkleidungen, Möbel	Es ist kein Holzschutzmittel erforderlich
1	Statisch belastetes Holz; Holzfeuchtigkeit unter 20 %; relative Luftfeuchtigkeit bis 70 %; Gefährdung durch Insektenbefall	Tragende oder aussteifende Innenbauteile; z.B. tragende Innenwände und Decken	Iv
2	Holzfeuchtigkeit zeitweise über 20 %; mittlere relative Luftfeuchtigkeit über 70 %; Gefährdung durch Bläuepilze, Fäulnispilze und Insekten	Innenräume mit höherer Luftfeuchtigkeit; Außenbereich unter Dach; z.B. Dachstühle, Dachgeschoßdecken	B, P, Iv
3	Holzfeuchtigkeit häufig über 20 %; Regen- und Sonnenbelastung, jedoch kein ständiger Wasser- oder Erdkontakt; Gefährdung durch Bläuepilze, Fäulnispilze und Insekten	Naßräume im Innenbereich; Außenbereich; z.B. Wintergärten, Zaunlatten, Fenster, Balkone, Fassadenverkleidungen	B, P, Iv, W
4	Holzfeuchtigkeit ständig über 20 %; Gefährdung durch Fäulnispilze und Insekten	Bauteile, die ganz oder teilweise in dauerndem Erd- oder Wasserkontakt stehen; z.B. Bootsstege, Masten, Pfähle	P, Iv, W, E

Auswahl des geeigneten Holzschutzmittels
Nachstehende Tabelle gibt einen Überblick, welche Gefährdungsklassen bei einzelnen Objekten und Bauteilen in Frage kommen.

Holzbauteil–Objekt	Gefährdungsklasse
Almhütten außen	3
Almhütten innen	0, 1, 2
Aufenthaltsräume	0
Badehütten	3
Balkonböden, Balkongeländer	3
Bänke im Freien	3, 4
Bänke im Innenbereich	0
Bauhütten außen	3, 4
Bienenhäuser außen	3 Bienenverträglichkeit nachweisen
Blockhäuser außen	3
Blockhäuser innen	0, 1, 2
Blumentröge	4
Boote	4
Bootsstege	3, 4
Brücken	3, 4
Dachbodenausbauten	0, 1, 2
Dachstühle, Dachlatten	2
Fassadenschalungen	3
Fensterbänke außen	3
Fensterbänke innen	0, 1, 2
Fensterläden, Fensterrahmen, Fensterstöcke	3
Fischerhütten außen	3, 4
Fischerhütten innen	2
Geräteschuppen außen	3, 4
Geräteschuppen innen	2
Gartenbänke, -lauben, -tische, -zäune, Hochstände	3, 4
Holz in der Wohnung	0
Holztruhen	0
Kinderspielzeug	0
Kinderspielplatzgeräte	3, 4
Mistbeetkisten	4
Obststeigen, Oboststellagen	0
Sandkisten	4
Stiegen außen	3
Zaunsteher	4
Zaunlatten	3

Unzulässige Anwendungsbereiche der Holzschutzmittel

Im Normalfall sind folgende Anwendungen von Holzschutzmitteln zu vermeiden, da sie entweder nicht erforderlich sind oder zu einer Beeinträchtigung der Gesundheit und der Umwelt führen können.

- Keine Anwendung von Holzschutzmitteln in trockenen Innenräumen (z. B. für Vertäfelungen), denn hier ist eine Holzimprägnierung im allgemeinen nicht erforderlich. Ausnahmen: Fenster oder auch Holzbauteile, die tragende Funktion haben.
- Keine Imprägnierung von Holz, das in Kontakt mit Trinkwasser sowie mit Lebens- und Futtermitteln kommt. Ausnahme: Ausdrücklich auf der Etikette des Holzschutzmittels genannte Zulässigkeit dieser Anwendungen
- Keine Imprägnierung von Holz für Saunaanlagen
- Keine Imprägnierung von Holz für Bienenhäuser, vor allem dann, wenn das Holzschutzmittel insektenwirksam (Iv oder Ib) ist. Ausnahme: Ausdrücklich auf der Etikette genannte Zulässigkeit dieser Anwendung

Vorsichtsmaßnahmen bei der Verarbeitung

- Tragen von Kleidung, die Sie vor Spritzern bei der Verarbeitung schützt
- Offene Wunden und Hautabschürfungen sorgfältig abdecken.
- Holzschutzmittel dürfen nicht in Gewässer oder ins Grundwasser gelangen
- Sorgfältige Durchlüftung der Räume bei der Verarbeitung
- Reinigen der Hände und des Gesichts vor dem Essen und Trinken
- Verwenden von undurchlässigen Schutzhandschuhen

Biologisch unbedenkliche Holzschutzmittel

Natürliche Ölimprägnierungen für Holz auf Leinölbasis sind wasserabweisend und witterungsbeständig; sie haben eine hohe Eindringtiefe, bleiben dauerelastisch und sind dampfdurchlässig.

Diese Anstrichmittel sind bei einer Temperatur von 20° C und einer Luftfeuchtigkeit von 50 % nach ca. 8 Stunden trocken und können nach 24 Stunden zum zweiten Mal überstrichen werden.

Mit Bienenwachs behandelte Hölzer können noch atmen und tragen dadurch zum besseren Raumklima bei.

Anwendungsbereiche

Fußböden

- Voranstrich mit einem Gemisch von 50 % Leinöl und 50 % Terpentinbalsam.
- 1. Nachbehandlung mit Bienenwachs, welches mit einem weichen Baumwolltuch aufgetragen wird.
- 2. Nachbehandlung sofort nach der 1. Über einen Schwingschleifer spannt man ein Tuch und poliert das Wachs in das Holz ein.

Entfernung von Schmutzflecken: Seife, Sodalauge.

Fenster

- Fenster innen: Ölen und / oder wachsen (Gemisch von 50 % Leinöl und 50 % Terpentinbalsam, anschließend Bienenwachs auftragen und polieren).
- Fenster außen: Leinölfirnis auftragen, alle 2–4 Jahre je nach Verwitterung nachbehandeln.

Um Holz vor dem Vergrauen zu schützen, gibt es die Möglichkeit der zweimaligen Behandlung mit Leinölfirnis-Terpentinöl:

- erster Auftrag: Mischung aus 50 % Leinölfirnis und 50 % Terpentinöl;
- zweiter Auftrag: Mischung aus 70 % Leinölfirnis und 30 % Terpentinöl.

Terpentinöl dient als „Transportmittel" für Leinölfirnis. Dieses Gemisch kann selbst hergestellt werden, oder man kann es als Fertigprodukt in einer Farbenhandlung kaufen.

Empfehlung: An heißen Sommertagen verarbeiten bzw. das Gemisch leicht erwärmen, damit es besser in das Holz eindringt!

Beispiele von Holzverbindungen

Durch den Keil wird die Eckverbindung „unlösbar“

Rahmenverdübelung

Rahmenverbindung mit Lamello

Kreuzüberblattung bei einem Gartenzaun

Brettertür: Strebe mit Versatz

Schrägverbindung mit Schwalbenschwanz

Holzverbindungen

Holzverbindungen haben den Zweck, einzelne Holzteile miteinander so zu verbinden, daß aus ihnen ein Werkstück entsteht. Unter den einzelnen Verbindungsgruppen gibt es verschiedene Ausführungen. Die für die betreffende Konstruktion geeignete Verbindung ist daraus zu wählen.

Längsverbindungen

Es werden meist liegende Hölzer miteinander verbunden, wie z. B. Mauerbänke, Pfetten, Schwellen. Zusätzliche Verbindungsmittel wie Nägel, Schraubenbolzen, Klammern oder Laschen sind zu verwenden.

Gerades Hakenblatt:
zugfeste Längsverbindung

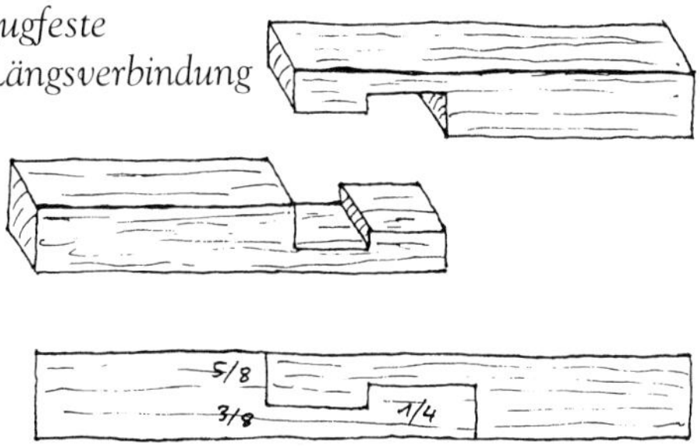

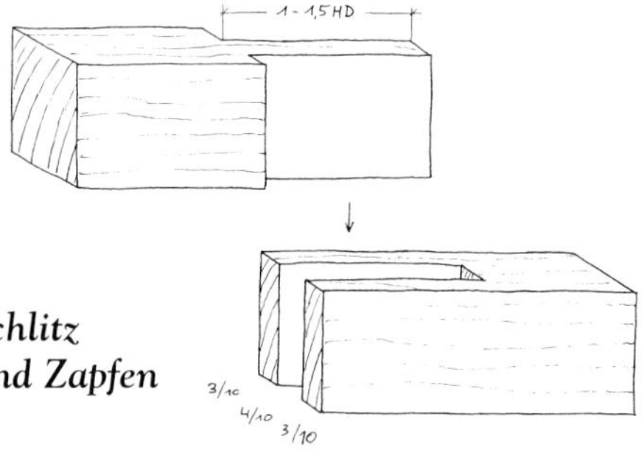

Schlitz und Zapfen

Überblattung-Blattstoß

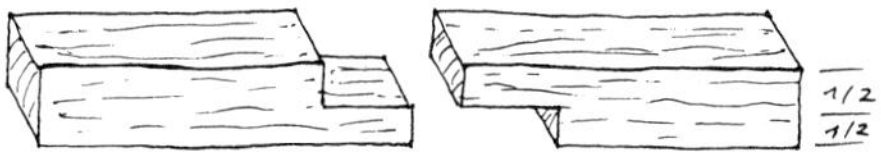

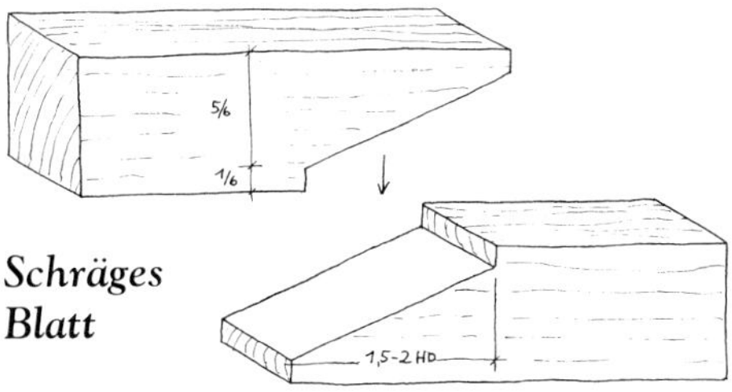

Schräges Blatt

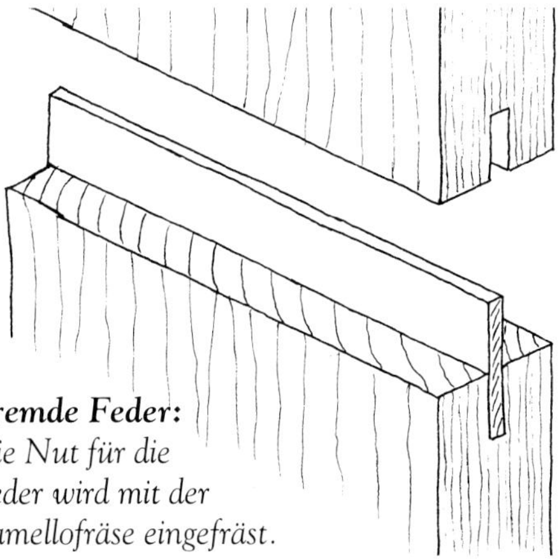

Fremde Feder:
Die Nut für die Feder wird mit der Lamellofräse eingefräst.

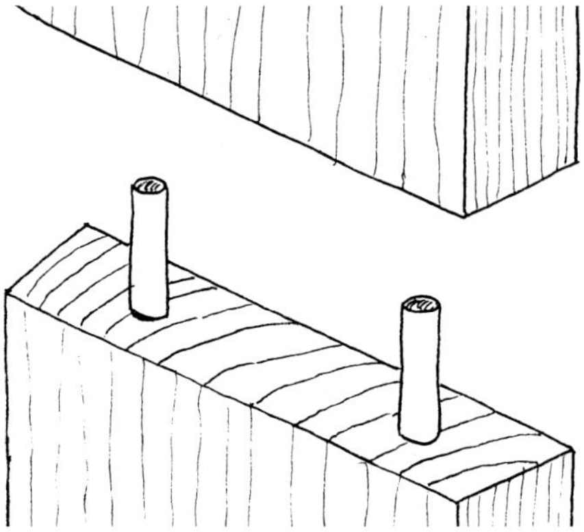

Gedübelte Längsverbindung
Herstellung: In jenem Teil, wo die Löcher gebohrt werden sollen, Nägel einschlagen, diese dann mir einer Beißzange abzwicken. Beide Teile auf eine ebene Unterlage auflegen und zusammenschieben, dadurch erhält man eine Markierung für die Dübellochbohrungen. Bohrungen sollen je nach Holzdicke einen Durchmesser von 6 bis 16 mm haben.

ECKVERBINDUNGEN – QUERVERBINDUNGEN – BREITENVERBINDUNGEN

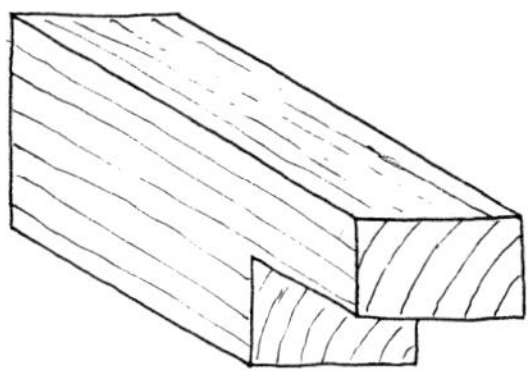

Gerades Eckblatt

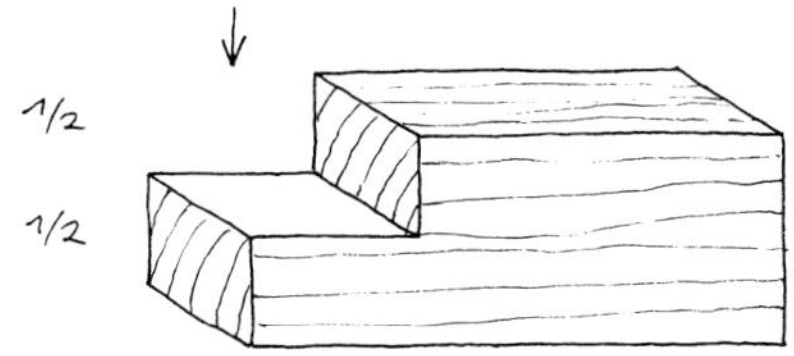

Schlitz und Zapfen

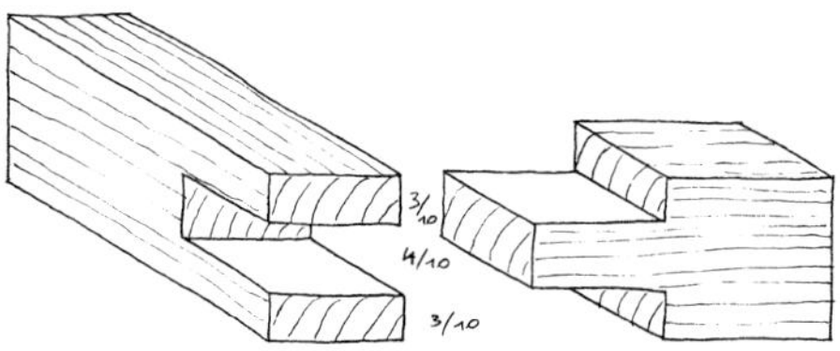

Verdecktes Eckblatt

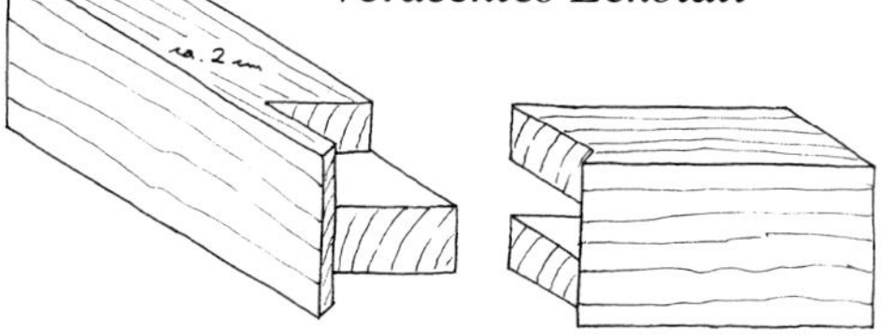

Schräges Eckblatt – Tiroler Eckblatt

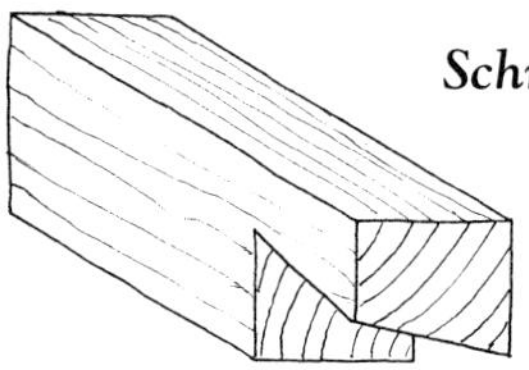

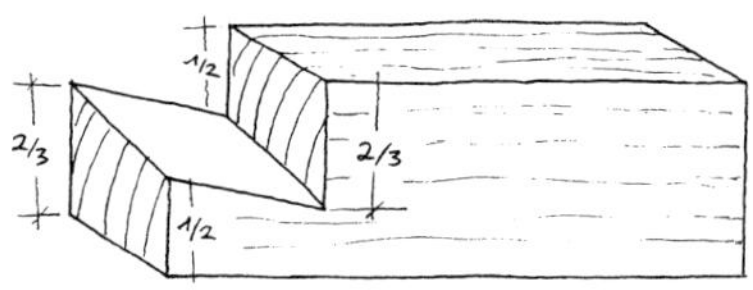

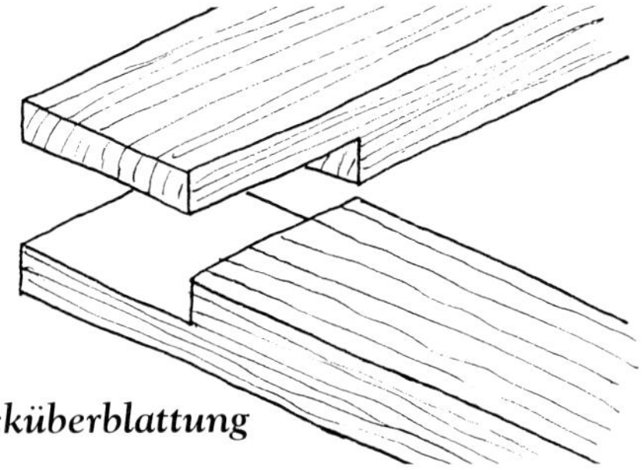

Eck(über)blattung

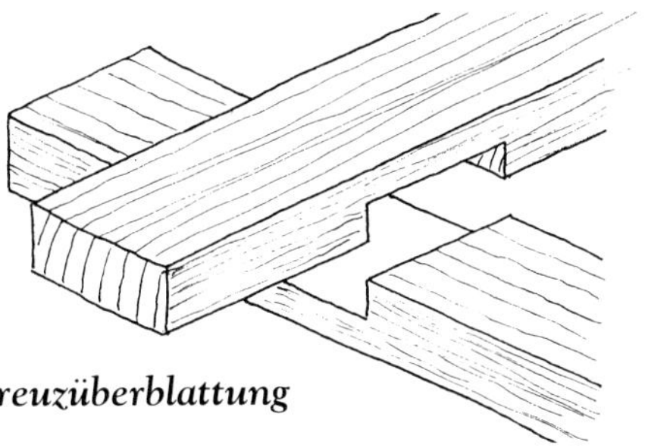

Kreuzüberblattung

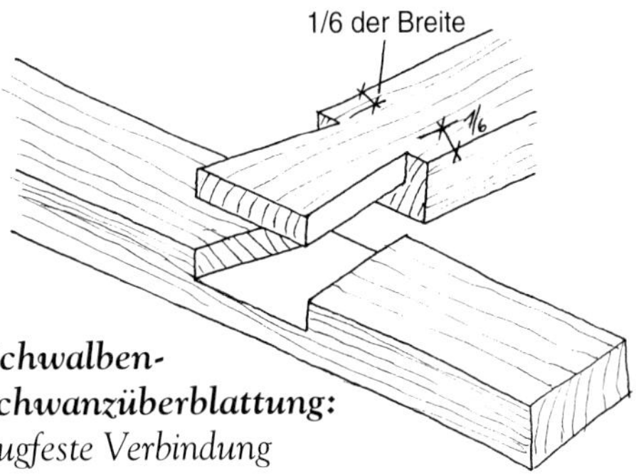

Schwalbenschwanzüberblattung:
zugfeste Verbindung

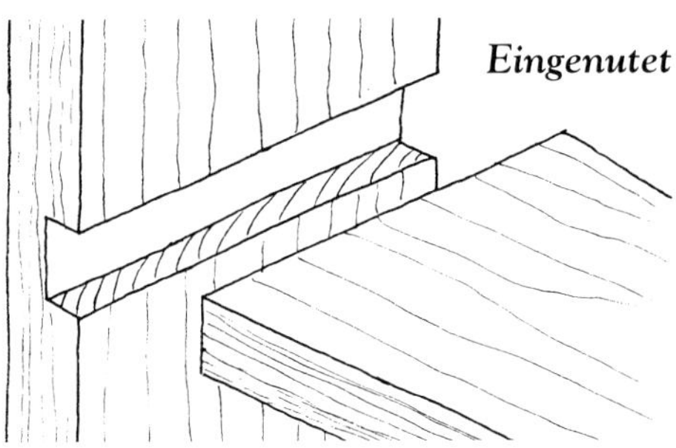

Eingenutet

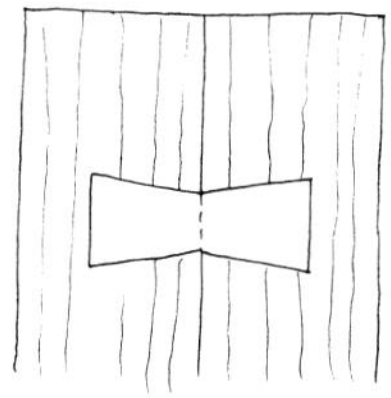

Fugensicherung:
Diese Sicherung dient nicht nur der besseren Haltbarkeit, sondern auch der Dekoration. Der Schwalbenschwanz kann entweder mit der Brettfläche bündig sein, oder er kann auch vorstehen.

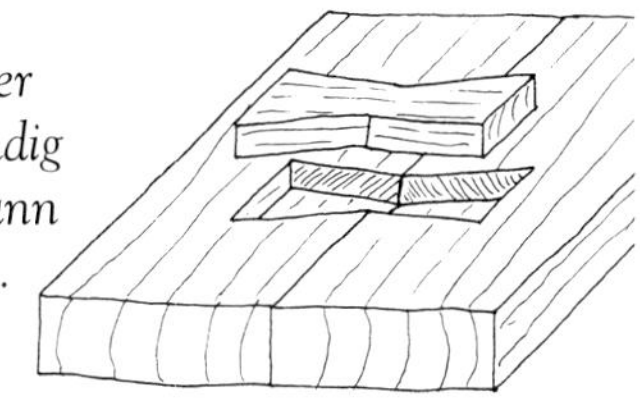

Zinkenverbindung

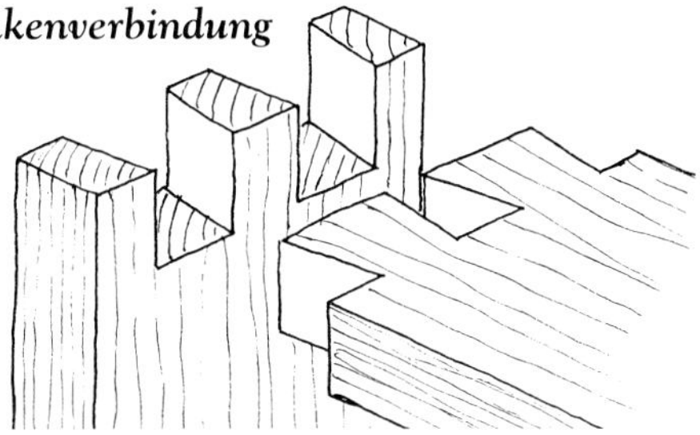

Rahmenverbindung:
Lamellofeder

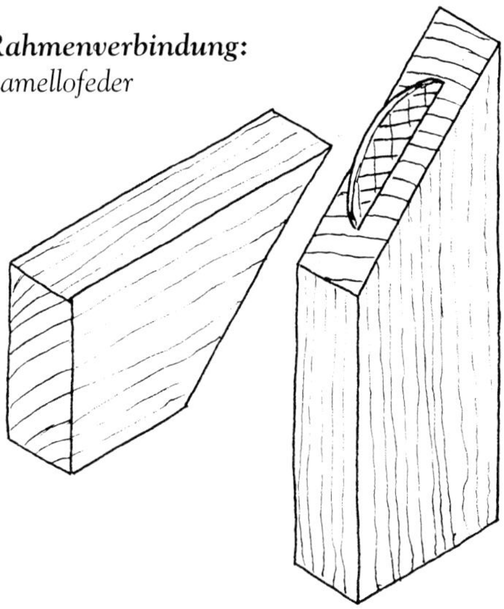

Breitenverbindung: *Lamellofeder*

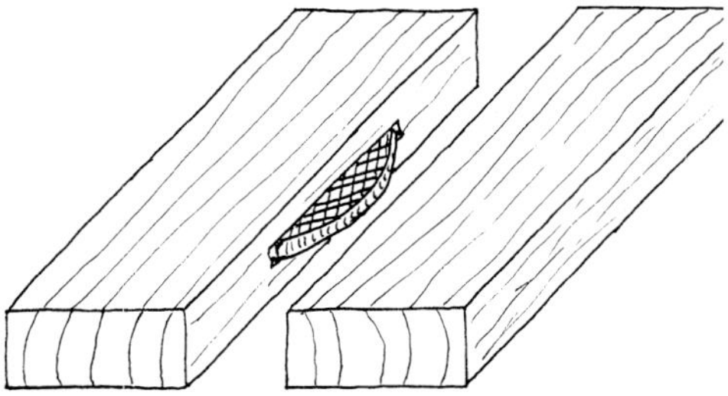

Eingestemmter Federzapfen:
für Verbindungen von Gestellen bei einem Hocker, Sessel, Tisch

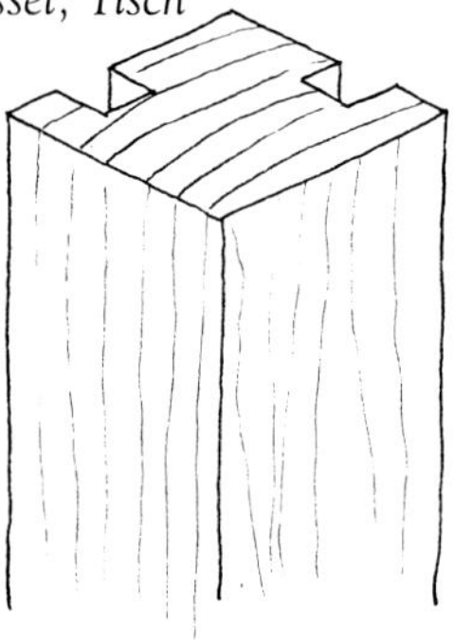

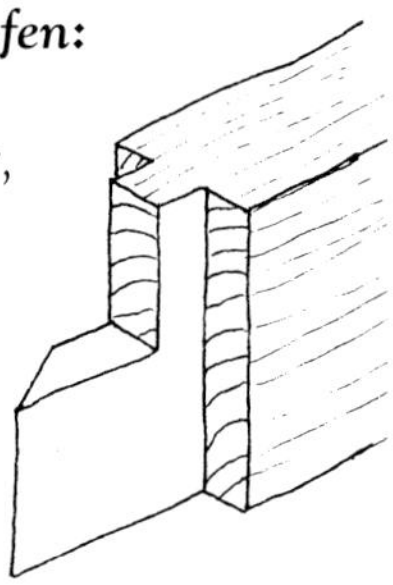

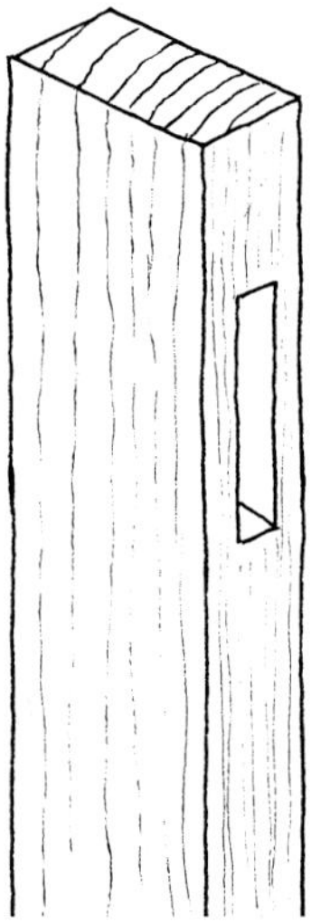

Eingestemmter Zapfen:
Zapfenlänge ca. $^3/_5$ der Fries- (Holz-)Breite

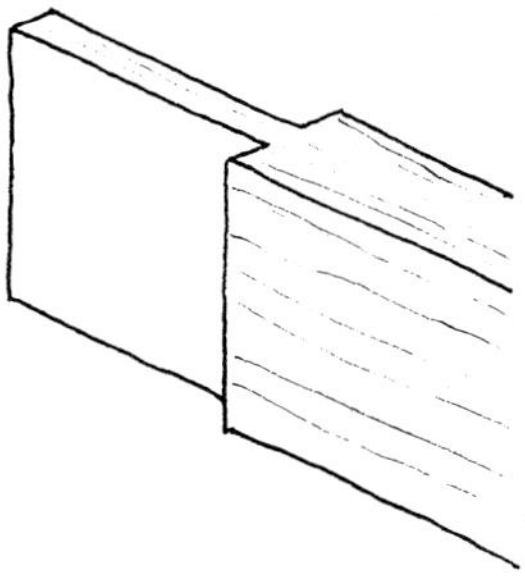

Keilsteg: *Dieser hat die Aufgabe, speziell bei Gestellverbindungen die stützenden Teile miteinander zu verbinden.*
Die Verbindung ist zerlegbar.
Das Vorholz, Holz zwischen dem Stegende und Keillochbeginn, soll mindestens 4 cm betragen.

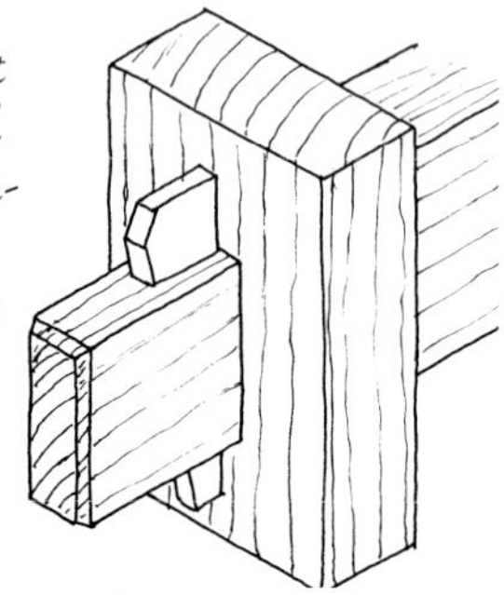

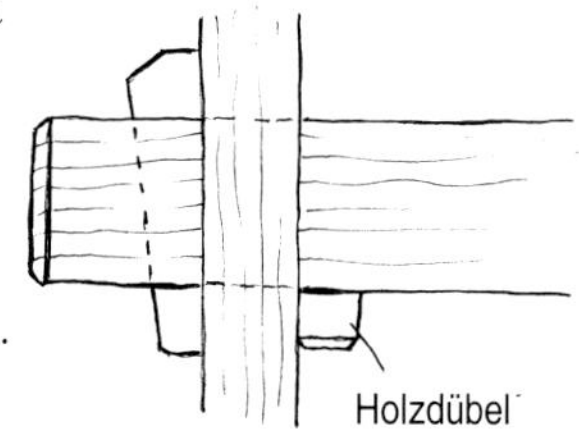

Gedübelte Breitenverbindung

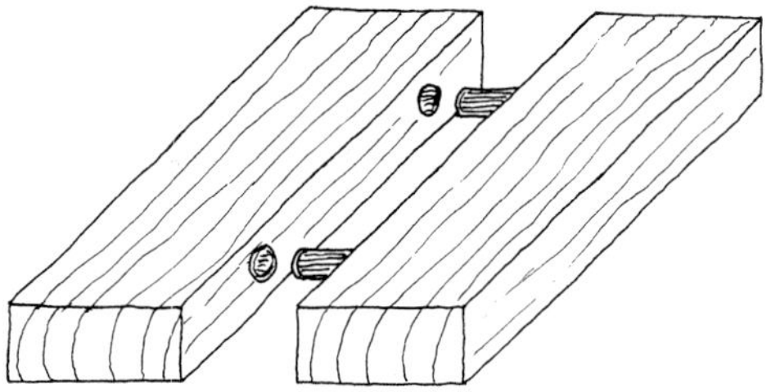

Durchgestemmter Zapfen:
mit Keilsicherung z.B. für Leitern, Bankgestelle

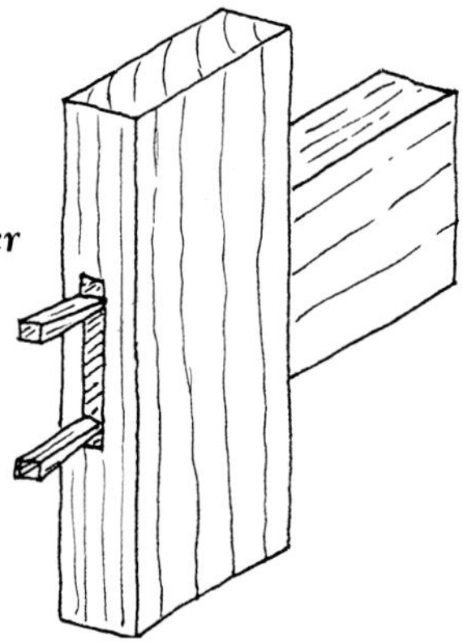

SCHRÄGVERBINDUNGEN

Treffen Holzteile in schräger Richtung aufeinander, so wird diese Verbindung als Versatz ausgeführt.

Einfacher Versatz:
Tiefe: 1/4 der Höhe
Vorholzlänge:
8x die Tiefe

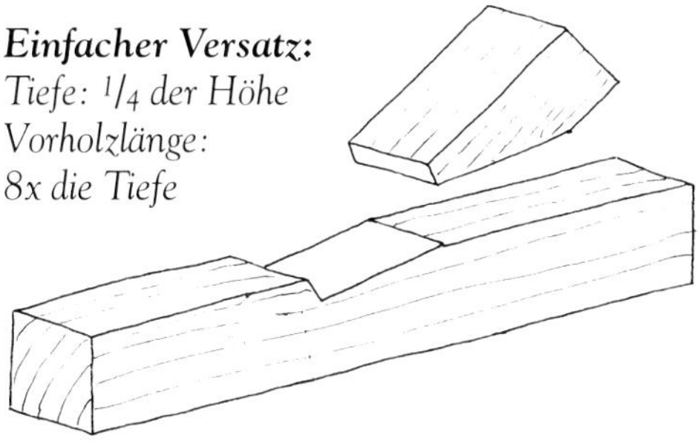

Doppelter Versatz

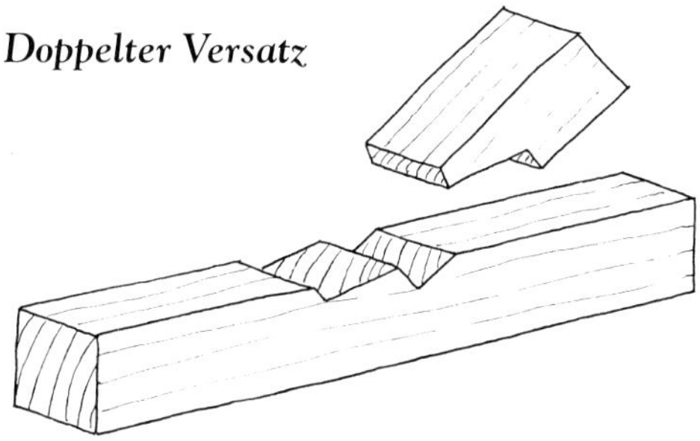

Einfacher Versatz mit Zapfen

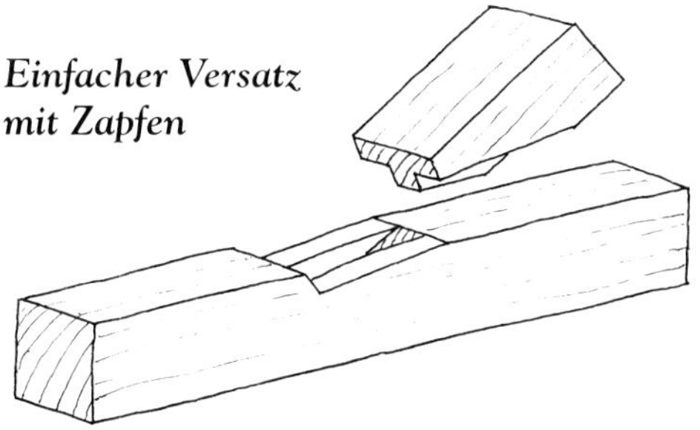

Verschiedene Verzapfungen

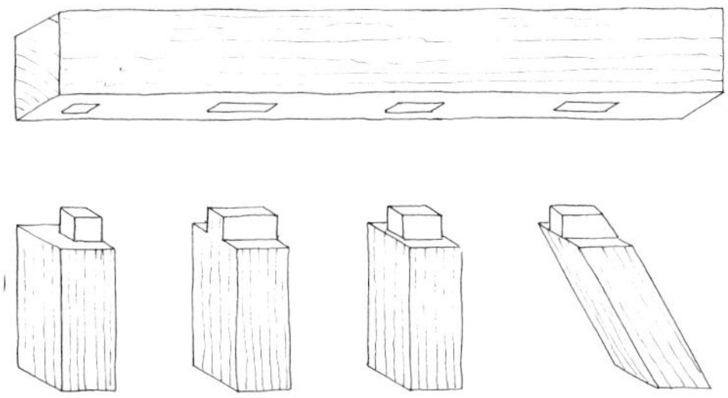

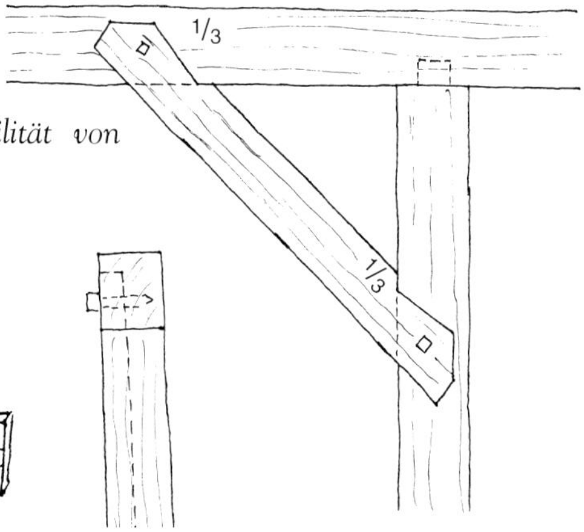

Schrägverbindungen: *Diese dienen der Stabilität von zusammengezapften Holzteilen, z.B. für Pergolen*

VERBINDUNGSBESCHLÄGE

MÖBELVERBINDUNGSSYSTEME

Für Verbindungssysteme gibt es drei grundlegende Verarbeitungsweisen.

Einschlagen
Der Verbinder kann ohne Verwendung von Leim mit dem Hammer in eine Lamellonut eingeschlagen werden. Dabei schneiden sich die seitlich am Verbinder hervorstehenden Schneidkanten entlang der Nut ins Holz und halten so den Verbinder fest. Beim stirnseitigen Einschlagen empfehlen wir, die Teile einzuspannen.

Einkleben
In die Lamellonut wird zunächst Kleber eingebracht, dann der Verbinder eingesetzt. Ist diese Verklebung fest, kann das Werkstück weiterverleimt werden. Dieses Prinzip eignet sich hervorragend für die Verleimung von Teilen, bei denen geringe Verbindungskosten und hohe Belastbarkeit erwünscht werden. Die Wartezeit ist dieselbe wie bei einer klassischen Verleimung, es entfallen jedoch Zwingen, Gurte oder Pressen.

Verschrauben
Der Verbinder wird mit Schrauben in der Nut angeschraubt. Dieses Prinzip eignet sich für zerlegbare Konstruktionen, bei denen die Verbindung schnell hergestellt und sofort belastbar sein soll. Schraubverbinder gibt es aus Metall für die Lamellonut.

Massivholzverbinder (Knapp)
GIGANT – für Verbindungen mit geprüften Belastungswerten bei großdimensionierten Leimbindern und Balken. Der Anpreßdruck der Fuge wird durch die Montage und über die speziell ausgeformten Verbindungslaschen hergestellt.

ACRO – für Verbindungen mit geprüften Belastungswerten im konstruktiven Holzbau, zum Beispiel bei Wintergärten.

DUO – für Verbindungen mit geprüften Belastungswerten bei Massivholzteilen im Möbel- und Treppenbau. Der Anpreßdruck der Fuge kann über die Schrauben reguliert werden.

BASIS – zur direkten Montage von Balken, Säulen und Stehern an festem Untergrund, wie Beton, Stein oder Mauerwerk, und für gut haltbare und standsichere Verbindungen.

MECHANISCHE VERBINDUNGEN

Nagelverbindungen

Umschlagen der Nägel: Auf der Rückseite werden die Nagelspitzen längs zur Faserrichtung umgeschlagen. Dadurch erhält man eine erhöhte Belastbarkeit dieser Verbindung.

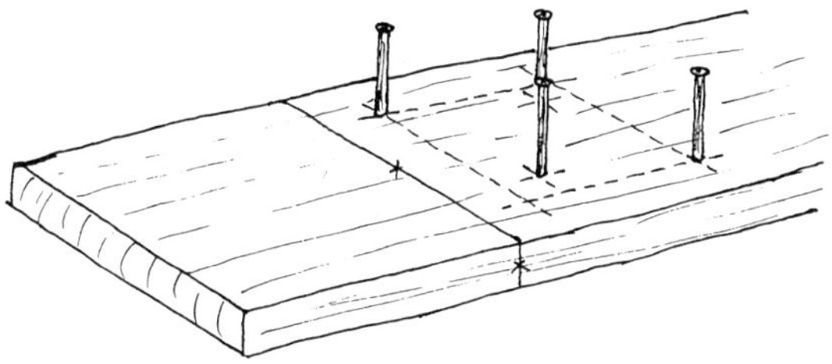

Längsverbindungen von tragenden Holzteilen

Durch seitliche Laschen aus Holz oder auch aus Stahl, die mindestens 1 Meter lang sein sollten.

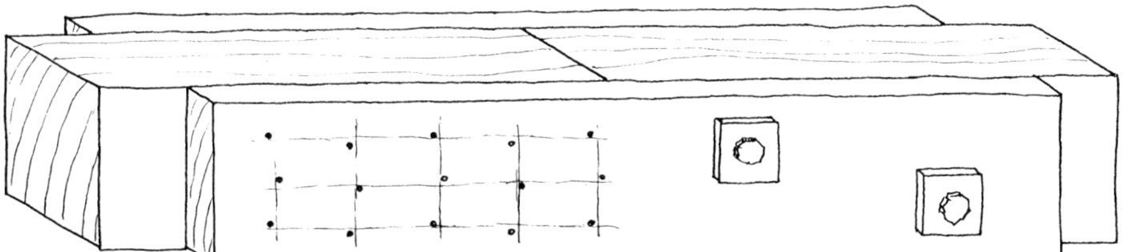

Kleinmaschinen

Kleinmaschinen sind unerläßliche Geräte für Arbeiten rund ums Haus.

Allgemeine Bestimmungen

- Sicherheitshinweise der Betriebsanleitung beachten
- Keine schadhaften Anschlußkabel verwenden
- Handmaschinen dürfen nur im Stillstand aus der Hand gelegt werden
- Ein schnelles Ausschalten ohne Loslassen der Handgriffe muß möglich sein
- Handmaschinen mit beiden Händen führen
- Elektrische Anschlußkabel müssen vor Beschädigungen geschützt werden und dürfen keine Stolperstelle bilden
- Werkstücke bei der Bearbeitung gegen Verrutschen sichern
- Handmaschinen nur in Arbeitsstellung einschalten
- Bei Werkzeugwechsel sowie beim Einstellen der Maschine durch Lösen der Kabelsteckverbindung vom Stromnetz trennen
- Beschädigte Handmaschinen sofort reparieren lassen
- Erforderliche Schutzkleidung tragen
- Bei Kabeltrommeln muß immer das gesamte Kabel abgerollt werden, da es andernfalls erwärmt wird

Handbohrmaschine

Verwendung: Zum Bohren in Holz, Beton, Ziegel und Mauerwerk, Kunststoff und Metall.

Arten/Ausführung

- Elektro- oder Akku-Betrieb
- mit elektronischer Drehzahlregelung
- in Rechts- und Linkslauf
- mit Zahnkranzbohrfutter oder Schnellspannbohrfutter

Kleinere und mittlere Bohrmaschinen sind mit Revolvergriff ausgestattet. Nach Möglichkeit – und wenn vorhanden – Zusatzgriff verwenden. Zusatzgeräte: Bohrständer, Tiefenbegrenzer.

Unfallverhütung

- Eng anliegende Arbeitskleidung tragen
- Bei sprödem Material (z. B. Kunststoff) Schutzbrille verwenden

- Werkstücke gegen Verdrehen sichern
- Zusatzgriff verwenden
- Wenn möglich, Bohrständer verwenden
- Werkzeuge fest einspannen, ev. Maschinenschraubstock verwenden
- Auf sichere Kabelführung achten
- Immer vom Körper weg arbeiten
- Bohrer mit Einzugsgewinde sind nicht zu verwenden

Je härter das zu bohrende Material, desto kleiner die Umdrehungsfrequenz. Zum Eindrehen von Schrauben eine niedrigere Umdrehungsfrequenz wählen. Zum Ansetzen der Handbohrmaschine – wenn möglich – mit kleinerer Umdrehungsfrequenz beginnen.

Genauigkeit beim Bohren

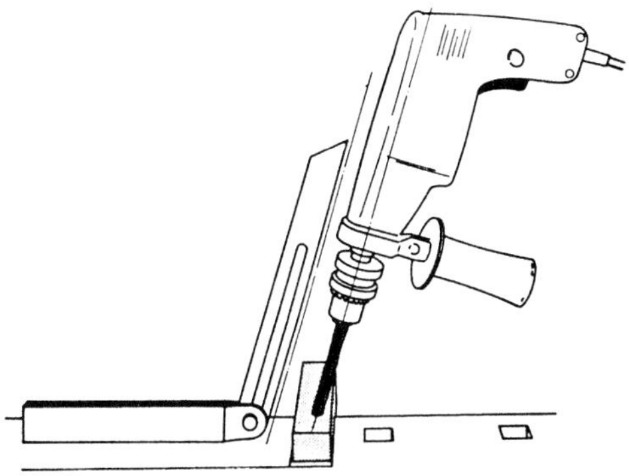

Für genaue Bohrungen im Vollholz sollte ein Spiralbohrer mit Zentrierspitze verwendet werden.
Bei Verwendung eines Bohrers mit Dachspitze ist der Bohrlochmittelpunkt am Werkstück stärker vorzustechen, damit der Bohrer in den weichen Jahrringen nicht verläuft. Bei Bohrungen in Steinwerkstoffen sind die Bohrlochmitten anzukörnen.
Genau rechtwinkeliges Bohren mit der Handbohrmaschine ist schwierig: Daher ist darauf zu achten, daß der Bohrer rechtwinkelig angesetzt und geführt wird. Es können Hilfsmittel wie Winkelhaken und Schmiege verwendet werden.

Bohren von Dübellöchern

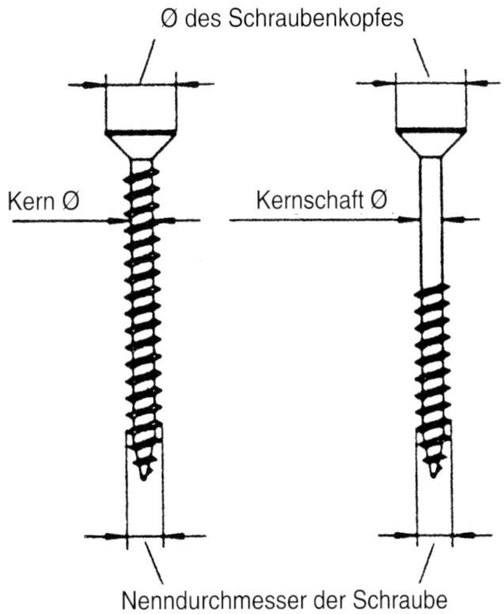

Spiralbohrer mit Zentrierspitze verwenden und bei großer Bohrlochanzahl Bohrschablone einsetzen.

Bohren von Schraubenlöchern

Zum Vorbohren von Schraubenlöchern im Hartholz soll der Bohrerdurchmesser dem Kerndurchmesser der Schrauben entsprechen. Für weiches Holz kann der Bohrlochdurchmesser um 0,5 mm verringert werden. Das Loch in jenem Bauteil, in dem die Schraube halten muß, darf höchstens die Größe des Kerndurchmessers der Schraube betragen.

STÄNDERBOHRMASCHINE

Ständerbohrmaschinen gibt es in verschiedensten Ausführungen.

Arten
- als Wandausführung
- in Säulenausführung
- in Tischausführung
- als Astlochbohrmaschine

Bei manchen Ständerbohrmaschinen lassen sich durch Veränderung der Riemenstellungen oder durch einen polumschaltbaren Motor verschiedene Umdrehungsgeschwindigkeiten des Bohrfutters erzielen.

Einsatzmöglichkeiten
- Bohrungen in Vollholz, Holzwerkstoffen und Metall
- Bohren von Beschläge-, Schraub-, Dübellöchern
- Bei Verwendung eines Schleifdorns können auch Kanten mit kleineren Radien geschliffen werden
- Durch einen verstellbaren Auflagetisch können schräggestellte Füße für Bänke und Tische eingebohrt werden

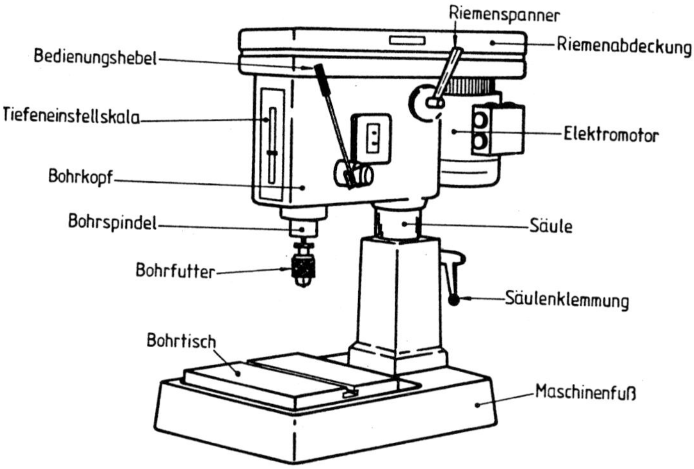

Unfallverhütung
- Enganliegende Kleidung tragen
- Beim Bohren müssen die Hände einen Mindestabstand von ca. 10 cm zum Werkzeug haben
- Werkstücke müssen gegen Verdrehen und Hochreißen gesichert werden.
  Dies erreicht man durch:
  - Aufspannen der Werkstücke auf den Maschinentisch
  - Verwendung eines Maschinenschraubstockes
  - Anbringen einer Anschlagleiste

BOHRER

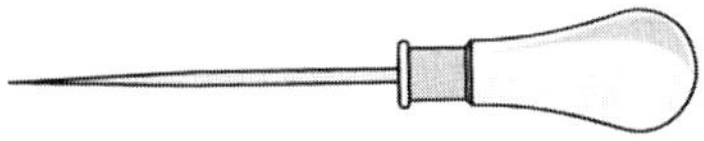

Spitzbohrer: Spitzbohrer (rund) oder die Reibahle (eckig) werden zum Anreißen und Vorstechen von Löchern verwendet.

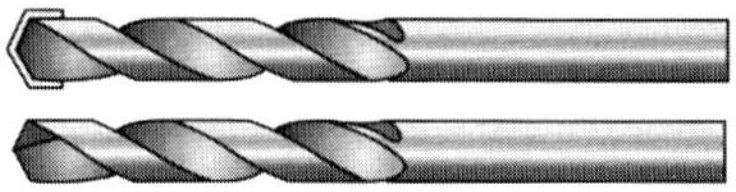

Spiralbohrer: Diese Bohrer mit dachförmiger Spitze und zweigängiger Spannut werden als Universalbohrer für Holz, Metall sowie Kunststoff in Hand- und stationären Bohrmaschinen eingesetzt. Mit Hartmetallschneiden werden diese als Mauer-, Beton- oder Steinbohrer verwendet.

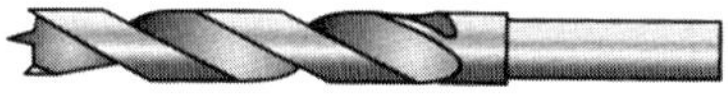

Holzspiralbohrer mit Zentrierspitze: Diese Bohrer werden auch Dübelbohrer genannt, sie besitzen eine Zentrierspitze – zum genauen Ansetzen des Bohrers im Holz – 2 Vorschneider – zum ausrißfreien Bohren. Für Plattenwerkstoffe und Kunststoffplatten Bohrer mit Hartmetallschneiden verwenden.

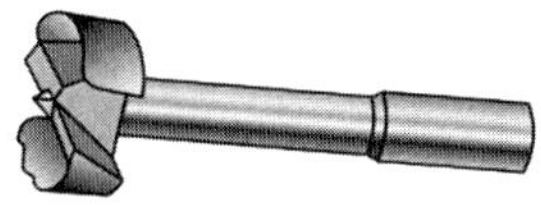

Forstnerbohrer: Diese werden für genaue Bohrungen in Massivholz, z.B. zum Ausbohren von Ästen oder zum Einbohren von Beschlägelöchern, verwendet. Durch die kreisförmig angeordneten Umfangschneiden (Vorschneider) eignet sich dieser Bohrer gut für seitlich offene Bohrungen.

Kunstbohrer: Eignen sich vorzüglich zum Bohren von ausrißfreien Beschlägelöchern in kunststoffbeschichteten Plattenwerkstoffen.

Glockenbohrer: Oft auch Dosenbohrer genannt, werden für das Ausbohren von größeren Löchern (Elektrodosen) in Holz- und Plattenwerkstoffen verwendet. Wird dieser Bohrer in Handbohrmaschinen eingesetzt, so muß wegen der Unfallgefahr ein Handgriff montiert werden.

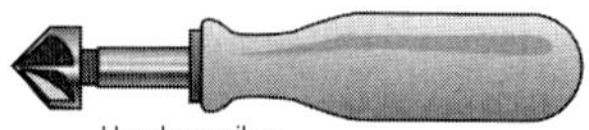

Handausreiber

Maschinenversenker

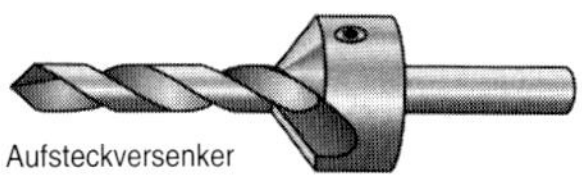

Aufsteckversenker

Ausreiber/Versenker: Zum Versenken von Schraubenköpfen werden Ausreiber oder Versenker in Hand- oder Maschinenausführung verwendet.

Dübelspitzer: Diese werden dann benötigt, wenn Dübelstangen eingeschlagen und anschließend auf die passende Länge abgeschnitten werden.

Hand- und Windenbohrer: Die mit einem Griff oder der Bohrwinde betätigt werden; finden kaum Verwendung.

Nagelbohrer: Kleiner, dünner Handbohrer.

HANDOBERFRÄSE

Handoberfräsen werden zum Einfräsen von Beschlägen, zum Fräsen von Graten und Nuten, vor allem aber zum Profilieren von Kanten verwendet.

Arten

Verschiedenste Ausführungen, was die Leistungsstärke betrifft, sowie mit oder ohne stufenlose Drehzahlregelung bis 25.000 U/min.

Einspannen des Fräsers

- Den Fräser mindestens 2/3 der Schaftlänge in das Spannzangenfutter schieben (auf Verunreinigungen achten)
- Mit der Hand die Überwurfmutter – darin steckt die Spannzange mit dem Fräser – andrehen und mit passenden Schraubenschlüsseln festziehen.

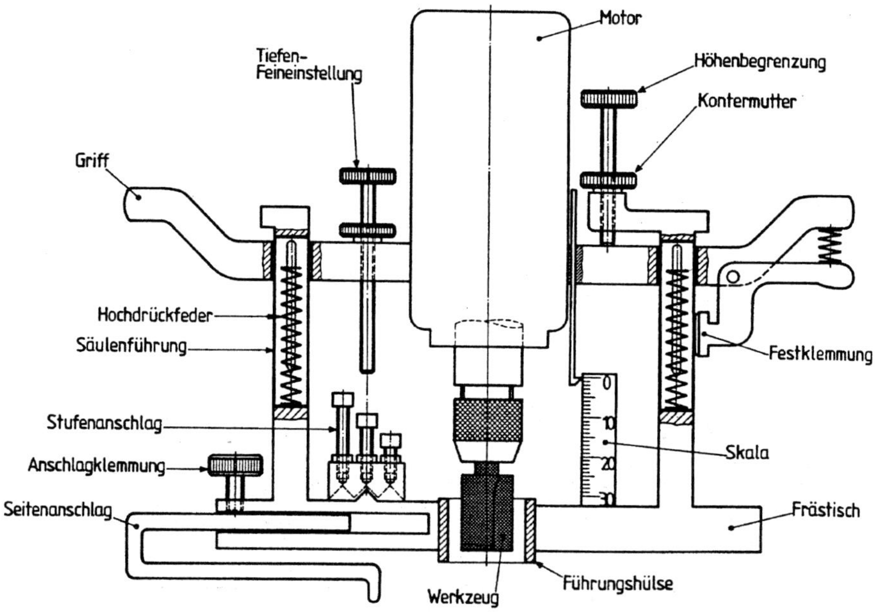

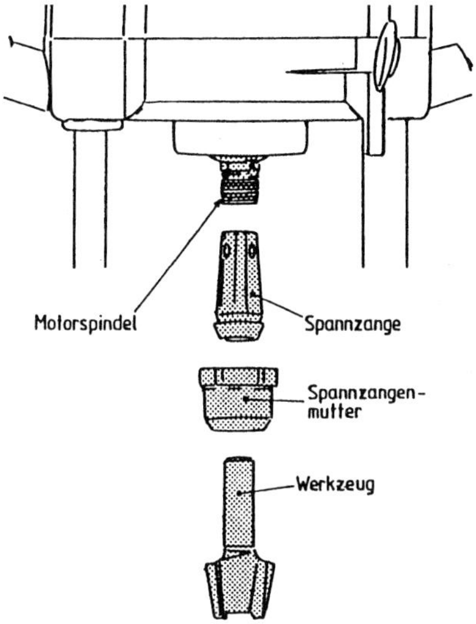

Einspannen des Fräswerkzeuges

Achtung: Spannzange immer in der Überwurfmutter einrasten lassen, sie hebt beim Ausspannen den Fräser samt Spannzange aus dem Innenkonus der Maschine! Fräser nie über längere Zeit (Wochen) eingespannt lassen – Rost!

Ausspannen des Fräsers
- Beim Werkzeugwechsel immer Netzstecker ziehen
- Öffnen der Überwurfmutter immer in Schnittrichtung
- Fräser nach dem Ausspannen, wenn notwendig, entharzen und schärfen lassen
- Oberfräse samt Zubehör entstauben

Arbeiten mit der Handoberfräse
- Wahl des Fräswerkzeuges (nur zweckentsprechende und gut geschärfte Fräser verwenden)
- Einspannen des Fräsers laut Anleitung
- Je nach Fräsarbeit die entsprechende Schablone oder Führungshülse aufschrauben
- Frästiefe je nach Arbeitstiefe mit Tiefenanschlag einstellen
- Größere Frästiefen in mehreren Arbeitsgängen (mit Stufenanschlag) fräsen
- Je nach Arbeitsvorgang Werkstück ordentlich festspannen
- Vor dem Einschalten überlegen: **Wie fräse ich?**

Achtung: Die Werkzeugschneide muß sich zum Anschlag hin drehen, dadurch wird das Werkstück an den Anschlag gedrückt. Innenfräsungen im Uhrzeigersinn und Außenfräsungen gegen den Uhrzeigersinn durchführen.
- Arretierungshebel mit dem Daumen der linken Hand lösen – Eintauchen des Fräsers – Arretierungshebel loslassen und Fräsgang durchführen
- Nach Beendigung der Fräsarbeit Arretierungshebel lösen – Fräser in Ausgangsstellung rückstellen und ausschalten

Unfallverhütung
- Keine lose Arbeitskleidung
- Werkstücke festspannen
- Werkzeuge möglichst weit verdecken
- Handoberfräsen müssen in die Grundstellung selbständig zurückfedern
- Vor dem Einstecken des Steckers kontrollieren, ob die Maschine ausgeschaltet ist
- Maschine mit beiden Händen halten und einschalten
- Nicht im Gleichlauf fräsen
- Handoberfräse nicht auf die Schalterseite legen
- Beim Werkzeugwechsel sowie bei Wartungsarbeiten Netzstecker ziehen

OBERFRÄSER

- **Einteilige Fräser:** Grundkörper des Fräsers und Schneiden sind aus demselben Material, z.B. Werkzeugstahl.
- **Verbundfräser:** Der Grundkörper des Fräsers ist aus Werkzeugstahl, die Schneiden sind aus Hartmetall bzw. Hochleistungsschnellschnittstahl (HSS), sie sind aufgelötet, aufgeschweißt – bei billigeren Fräsern aufgeklebt.
- **Zusammengesetzte Fräser:** Die Schneiden sind auf den Grundkörper aufgeschraubt und somit auswechselbar.

Faktoren für die Fräsqualität

- **Schneidenanzahl:** Fräser mit zwei Schneiden erhöhen die Fräsqualität
- **Schneidenmaterial:** Bei Fräsarbeiten in Vollholz genügt es, wenn das Schneidenmaterial aus Werkzeugstahl bzw. Hochleistungsschnellschnittstahl ist. Für Fräsarbeiten von Plattenwerkstoffen – überall dort wo Kunstharze im Werkstoff eingebunden sind – müssen die Schneiden wegen der Gefahr einer raschen Abstumpfung in Hartmetall (HM) ausgeführt sein
- **Fräserdurchmesser:** Bei kleinerem Fräserdurchmesser und hoher Umdrehungszahl des Motors kommt es leicht zu Verbrennungen des gefrästen Teiles
  Faustregel: Je härter das zu fräsende Material, desto geringer die Umdrehungszahl
- **Frästiefe:** Größere Frästiefen nicht auf einmal fräsen

Bauformen der Oberfräswerkzeuge
Werkzeuge mit zylindrischem Schaft

Schaftnutfräser
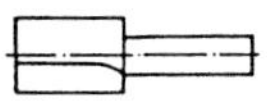

Falzfräser
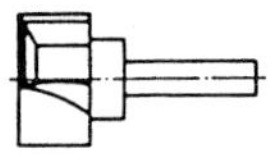

Hohlkehlfräser
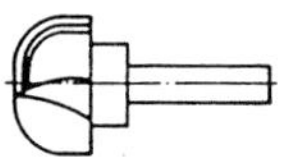

Fasefräser
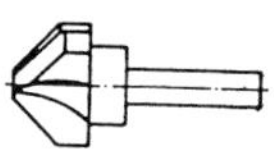

Viertelstabfräser
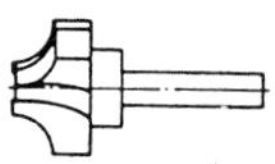

Profilfräser
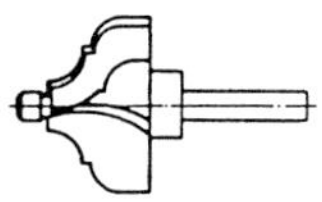

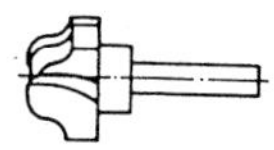

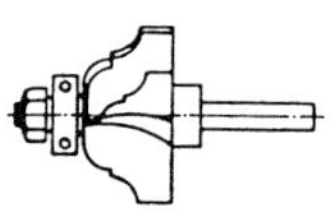

Zinken- oder Gratfräser
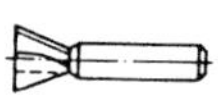

Nutsäge
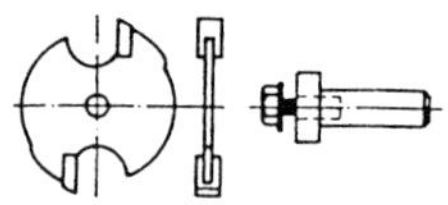

LAMELLO-HANDFRÄSMASCHINE

Diese Maschine wird hauptsächlich zum Einfräsen der Lamelloplättchen für Holzverbindungen verwendet.

Arten von Verbindungen
- Eck-, Mittelwand-, Gehrungs- und Rahmenverbindungen

Spezielle Einsatzgebiete durch entsprechende Fräswerkzeuge
- Ausflicken von Harzgallen
- Schattenfugenfräsungen bei Anschluß ans Mauerwerk

Arbeitshinweise
- Geeignete Werkstückauflage
- Werkstück einspannen
- Für exaktes und unfallfreies Arbeiten eine Leiste oder Platte verwenden
- Tiefenanschlag auf die zu verwendende Lamelloplättchengröße einstellen; Plättchengröße: 0 (Fräßtiefe 8 mm), 10 (10 mm), 20 (12 mm)
- Auf dem zu fräsenden Werkstück die Lamellenmitte anreißen und außen mit der Grundplatte bündig halten
- Bei Gehrungsfräsungen Aufsteckplatte verwenden
- Maschine zuerst an das Werkstück ansetzen und dann erst einschalten

Achtung: Beim Einschalten darf der Fräser noch nicht in Eingriff stehen!

Unfallverhütung
- Maschine mit beiden Händen fest halten
- Bei dünnen Werkstücken sowie bei Gehrungsfräsungen auf Durchfräsung achten – **unbedingt vor Fräsbeginn Frästiefe einstellen!**
- Anschlußkabel nicht in den Fräsbereich legen

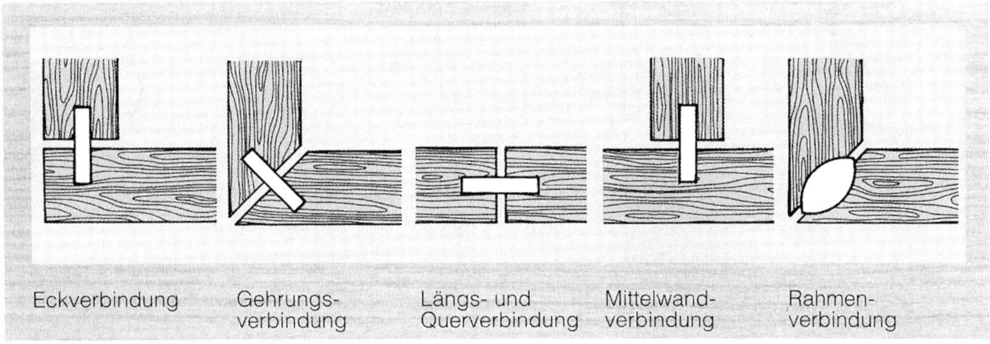

Eckverbindung | Gehrungsverbindung | Längs- und Querverbindung | Mittelwandverbindung | Rahmenverbindung

- Kabel zur Vermeidung der Stolpergefahr über die Schulter legen
- Bei Werkzeugwechsel und Instandsetzungsarbeiten sowie zum Einstellen der Nuttiefe Netzstecker ziehen

HANDHOBELMASCHINE

Diese wird zur Bearbeitung von Flächen und Kanten, zum Anhobeln von Fasen sowie zum Fälzen eingesetzt.
Durch Einspannen in einen Ständer, der bei teureren Maschinen zugekauft werden kann, ist sie auch als Abrichthobelmaschine zu verwenden.

Einsatzmöglichkeiten

a) Flächen abrichten
b) Kanten anhobeln
c + d) Fälzen
e) Flächenbearbeitung mit Wellen-Streifenmessern zur Erreichung eines Rustikaleffektes

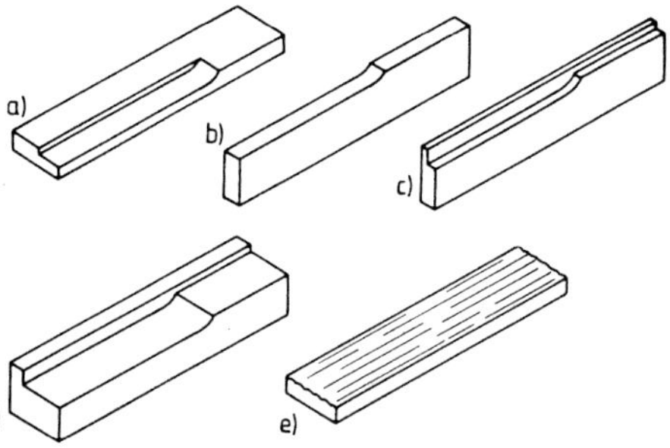

Einsatzmöglichkeiten für Handhobelmaschinen

Arbeitshinweise

- Zu bearbeitendes Werkstück sicher einspannen
- Vorgesehene Spanabnahme einstellen
- Maschine mit der vorderen Hobelsohle auf das Werkstück aufsetzen
- Maschine nach Beendigung des Arbeitsganges ausschalten
- Maschine erst abstellen nach dem Stillstand der Hobelmesserwelle, jedoch nicht auf die Messerwellenschneide stellen
- Zum Fälzen Anschlag verwenden
- Bei der Bearbeitung von Werkstückkanten unbedingt den Winkelanschlag verwenden, damit ein exakter rechter Winkel zur Fläche entsteht

Unfallverhütung

- Bei Werkzeugwechsel und Instandsetzungsarbeiten Netzstecker ziehen
- Kabel wegen Stolpergefahr eventuell über die Schulter legen
- Bei der Bearbeitung nicht unter die Hobelmaschine greifen, um diese zu führen
- Anschlußkabel nicht in den Hobelbereich legen
- Beim Einsatz als Standmaschine auf sicheren Stand achten

HOBELMESSER

Je nach Verwendungszweck gibt es auch verschiedene Hobelmesser. Sie sind in diversen Stahl- aber auch in Hartmetallausführungen erhältlich. Bei Verwendung von HSS-Rustikalwendehobelmessern ist eine eigene Spann- und Schutzeinrichtung erforderlich.

HSS = Hochleistungsschnellschnittstahl HM = Hartmetall

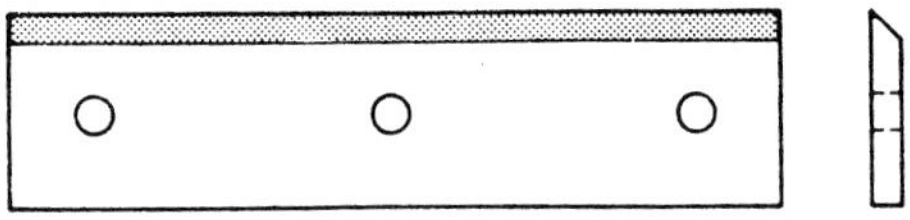

HM- oder HSS-Streifenmesser

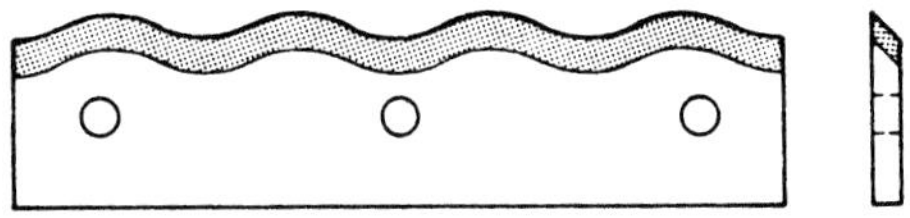

Wellen-Streifenmesser

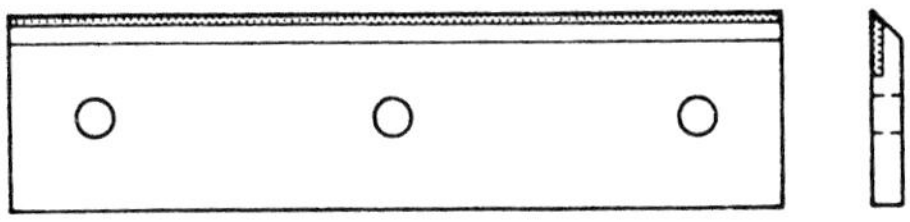

Wende-Streifenmesser

HANDSCHLEIFMASCHINEN

Verwendung: Werden zum Schleifen von Flächen verschiedener Werkstoffe verwendet.

Schleifpapier: Ist mit einer Nummer versehen, welche die Körnung angibt. Je höher die Körnungszahl, desto feiner ist das einzelne Korn.

Körnungen	**Verwendungszweck**
60–100	für den groben Vorschliff bei Vollholz (Massivholz)
100–180	für den Feinschliff (vor der Oberflächenbehandlung)
240–360 (Lackschleifpapier)	für den Lackzwischenschliff bzw. vor dem letzten Auftrag eines Holzschutzmittels

Unfallverhütung

- Werkstück festspannen
- Absaugeinrichtung verwenden
- Maschinen mit beiden Händen führen

ARTEN VON HANDSCHLEIFMASCHINEN

Schwingschleifer

Als Schleiffläche dient eine rechteckige, parallel zur Arbeitsfläche schwingende Schleif-

platte, auf die mittels Klemmhebeln Schleifpapier aufgespannt wird; für Lackzwischenschliff, Ausschleifen von Flächen.
Achtung: Durch die kreisende Bewegung der Schleifplatte können bei Verwendung eines zu groben Schleifpapieres kreisrunde Schleifspuren sichtbar werden, vor allem nach der Oberflächenbehandlung!

Bandschleifer
Ein über zwei Rollen laufendes Endlosschleifpapier wird zusätzlich zwischen den beiden Rollen über einen Schleifschuh geführt, der den Druck auf das Schleifband ausübt. Richtige Bandspannung und Bandlauf einstellen.
Für diesen Bandschleifer gibt es eine Zusatzeinrichtung (Auflagebock) für den stationären Betrieb. Dadurch können bei zusätzlicher Verwendung eines Anschlages rechtwinkelige Kanten geschliffen werden.
Weiters ist es mit der stationären Einrichtung möglich, geschweifte Werkstücke zu schleifen.

Dreieckschleifer
Ein mit Haftnoppen versehener dreieckiger Schleifteller hält ein auf der Hinterseite mit Filz beschichtetes Schleifpapier. Diese Art von Schleifer wird zum Schleifen von Ecken und Kanten verwendet.

Exzenterschleifer
Auch Desoutter genannt. Dieser besitzt einen runden Schleifteller, welcher entweder ein selbstklebendes oder mit Filz beschichtetes Schleifpapier aufnehmen kann. Dieser Schleifer macht eine drehende, exzentrische Bewegung. Für Nachschleifarbeiten, um Querschliff zu beseitigen, sowie für Ausschleifarbeiten.

HANDKREISSÄGE

Handkreissägen sind Holzbearbeitungsmaschinen, die von Hand über das zu bearbeitende Werkstück geführt werden.

Einsatzmöglichkeiten
- Zum Ablängen von Massivholz – **Achtung:** unbedingt Auflageböcke verwenden!
- Zum Zuschneiden von Plattenwerkstoffen, jedoch hartmetallbestückte Kreissägeblätter verwenden
- Zum Schrägkantsägen bei Maschinen mit bis zu 45 % verstellbarem Sägetisch
- Zum Einsetzsägen

Sägeblätter
Für Längs- und Querschnitte sowie für den Plattenzuschnitt (Hartmetallsägeblatt) werden entsprechende Sägeblätter verwendet. Bei jeder Handkreissäge ist auf den Sägeblattdurchmesser zu achten, da die Maschinenhersteller dabei verschiedene Durchmesser verwenden.

Arbeitshinweise
- Geeignete Werkstückauflage verwenden
- Auf Freilauf des Sägeblattes unter dem Werkstück achten
- Schnitttiefe einstellen: Richtwert ist Werkstückdicke und höchstens 10 mm
- Beim Durchschneiden darauf achten, daß das Sägeblatt nicht geklemmt wird
- Für Plattenzuschnitt Anschlaglineal verwenden

Unfallverhütung
- Bei Werkzeugwechsel und Instandsetzungsarbeiten Netzstecker ziehen
- Anschlußkabel nicht in den Schnittbereich legen
- Kabel zur Vermeidung einer Stolpergefahr über die Schulter legen
- Das gesamte Sägeblatt muß mit Ausnahme des werkstückseitig aus dem Sägetisch herausragenden Teiles verdeckt sein
- Das Sägeblatt muß im Leerlauf durch die bewegliche Sägeblattverdeckung verdeckt sein
- Um ein Klemmen beim Schneiden zu verhindern bzw. eine Rückschlaggefahr zu vermeiden, muß der Spaltkeil, wenn möglich, (außer beim Einsetzsägen), immer verwendet werden

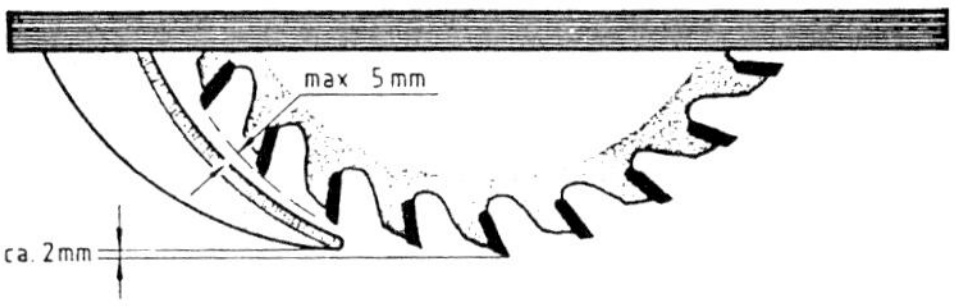

Spaltkeileinstellung bei Handkreissägemaschinen

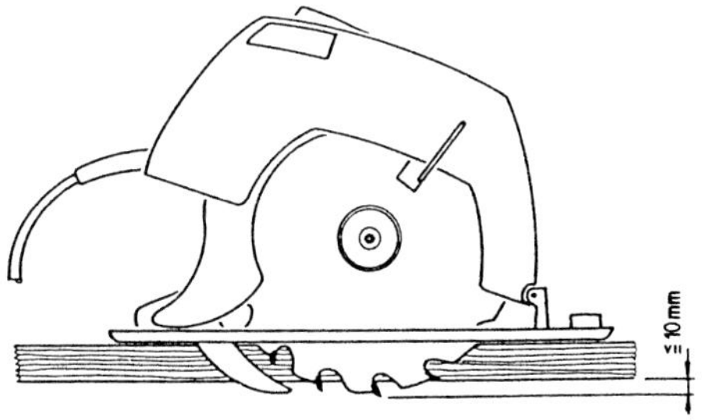

Einstellen der Schnittiefe

HANDSTICHSÄGE

Stichsägen sind in unterschiedlichen Ausführungen erhältlich.

Arten/Ausführungen
- In Elektro- oder Akkubetrieb
- Mit elektronischer Hubzahlbewegung

- Mit Pendelbewegung
- Mit Schrägstellung des Auflagetisches zum Anschneiden von schrägen Kanten
- Mit Absaugvorrichtung
- Mit unterschiedlichen Motorleistungen
- Verschiedene Arten zum Wechseln des Sägeblattes

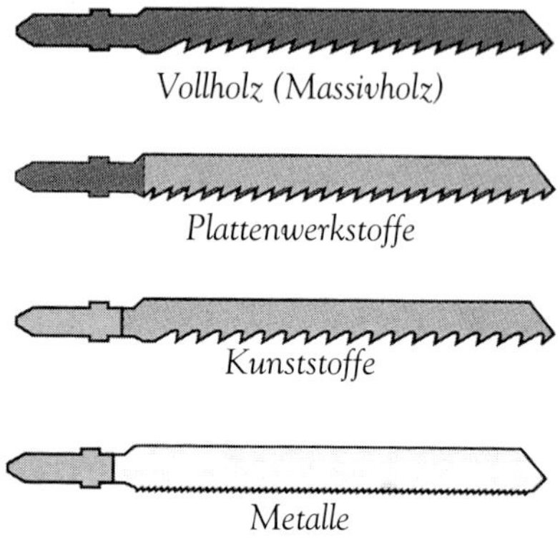

Sägeblätter
Vollholz (Massivholz): Grobe Zahnteilung, Wechselschliff und großer Spanwinkel
Plattenwerkstoffe: Feine Zahnteilung, Wechselschliff und mittlerer Spanwinkel
Kunststoffe: Mittlere Zahnteilung und mittlerer Spanwinkel
Metalle: Wechselzahnung und sehr kleiner Spanwinkel

Arbeitshinweise
Das kurze Stichsägeblatt wird vom Motor in eine Auf- und Abwärtsbewegung versetzt und arbeitet auf Zug. Deshalb muß der Sägetisch stets fest auf dem Werkstück aufliegen.
Pendelausschlagbewegung: Diese ist bei genauen Schnitten und sehr kleinen Radien auf 0–1 zu stellen. Bei groben Schnitten ist eine größere Pendelhubbewegung zu verwenden.

Unfallverhütung
- Werkstücke, wenn möglich, festspannen
- Nicht unter das Werkstück greifen
- Bei Schweifarbeiten langsam vorschieben, niedrigere Pendelausschlagbewegung einstellen, da die Sägeblätter leicht brechen können
- Maschine in Arbeitsstellung bringen (Sägeblatt darf noch nicht eingreifen), dann erst einschalten

KETTENSÄGE

Kettensägen werden vor allem zum Fällen von Bäumen sowie am Rundholzlager zum Ablängen der Holzstämme, aber auch zur Herstellung von Verbindungen verwendet.
Sie werden mit einem Verbrennungs- oder einem Elektromotor betrieben.

Wartung und Pflege

Die jeweiligen Angaben über die Wartung, Pflege und Instandsetzung der Kettensäge sind

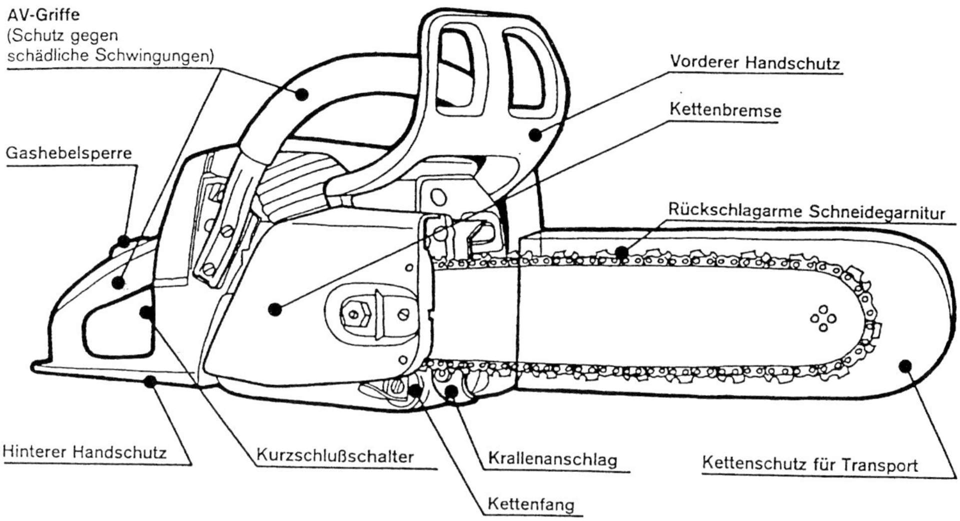

der Bedienungsanleitung zu entnehmen. Eine regelmäßige Wartung und Pflege gewährleisten eine optimale Funktionstüchtigkeit und vermeiden weitgehend Störungen während der Arbeit. Letztlich wirkt sich die laufende Pflege auch auf die Leistung und Sicherheit aus.

Maschine
Den Sägekörper von außen reinigen, insbesondere die Lufteintrittsöffnung an der Anwerfvorrichtung, die Kühlrippen des Zylinders und den Auspuff säubern.
Den Kettenraddeckel entfernen und den Bereich des Kettenantriebes reinigen.

Luftfilter
Verschmutzte Luftfilter ergeben bei mit Verbrennungsmotor betriebenen Kettensägen ein falsches Kraftstoff-Luft-Gemisch, weiters bewirken sie einen höheren Treibstoffverbrauch und eine geringere Leistung. Die Belastung durch schädliche Abgase steigt stark an.
Luftfilter mindestens einmal wöchentlich reinigen (ausblasen, ausklopfen, mit Benzin oder Seifenwasser auswaschen).

Schneidegarnitur
Schwert und Kette abnehmen, Schwertnut und Öleintrittsöffnung säubern. Einen eventuell vorhandenen Grat an der Lauffläche des Schwertes mit einer Flachfelle entfernen. Bei Vorhandensein einer Schmieröffnung an der Schwertspitze mit der Fettpresse das Sternrad schmieren.

Kettenspannung
Eine lose Kette beschädigt das Schwert, das Ritzel und die Kette selbst, überdies kann sie leicht vom Schwert abspringen. Die Kette muß so gespannt sein, daß sie im kalten Zustand

satt am Schwert anliegt und mit zwei Fingern noch weitergezogen werden kann. Überprüfung der Kettenspannung nur bei abgestelltem Motor und mit Handschuh!

Instandsetzen der Kettensäge

Eine sachgemäß geschärfte und instandgesetzte Kette gewährleistet eine optimale Schnittleistung, geringe Abnützung der Schneidegarnitur (Schwert, Ritzel, Kette) und ist auch Voraussetzung für ein sicheres Arbeiten. Die Kette daher öfters schärfen und dabei aber nur wenig abfeilen (mit drei Feilstichen kann die feine Schneide wieder hergestellt werden). Jeder Motorsägenbenützer sollte in der Lage sein, die Kette jederzeit selbst zu schärfen (auch im Wald).

Das Feilen der Zahnkette

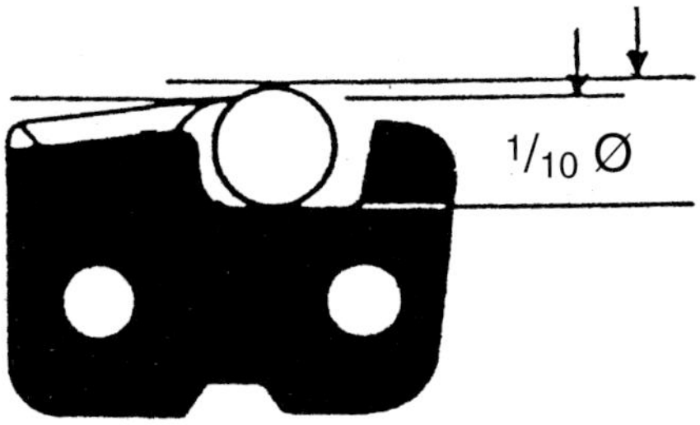

- Je nach Kettenteilung (Kettengröße) ist der richtige Feilendurchmesser zu wählen, damit der erforderliche Feilenüberstand (Skizze) gegeben ist. Die Verwendung eines Feilenhalters erleichtert die Feilarbeit wesentlich und ergibt ein exaktes Feilergebnis.
- Die Feile wird im Winkel von 30' und waagrecht von der Zahninnenseite nach außen geführt

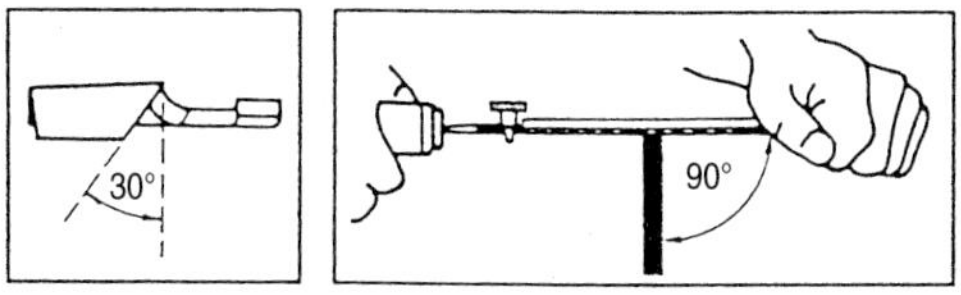

- Damit die Schneidezähne untereinander immer die gleiche Länge haben, soll beim Schärfvorgang bei allen Zähnen die gleiche Anzahl von Fellstrichen geführt werden. Bei einer Generalinstandsetzung sollte die Zahnlänge mit einer Schublehre kontrolliert und auf gleiche Länge gefeilt werden
- Nach mehrmaligem Schärfen muß der Tiefenbegrenzer mit einer Flachfelle und Tiefenbegrenzerlehre zurückgefeilt werden

Unfallverhütung und Arbeitsregeln

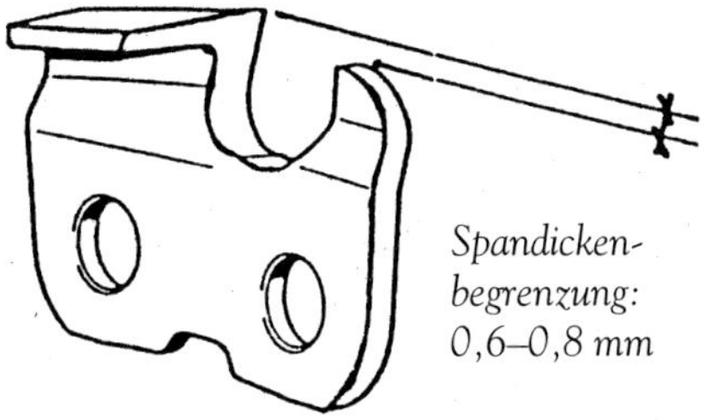

Spandickenbegrenzung: 0,6–0,8 mm

- Die Grundstellung beim Schneiden mit der Kettensäge ist stets so zu wählen, daß der Körper durch Stoß oder Zug nicht aus dem Gleichgewicht kommt. Die Beine sind seitlich und der Länge nach versetzt
- Die linke Fußspitze darf nicht vor der Linie des vorderen Handgriffes gesetzt werden
- Die Hände umfassen den vorderen und hinteren Handgriff so, daß der Daumen stets den Griff umschließt (geschlossener Griff)

- Die richtige Standgaseinstellung muß den vollen Kettenstillstand gewährleisten
- Überprüfung der Tankfüllung und Kettenspannung niemals bei laufendem Motor durchführen
- Kettenschmierung nur so stark einstellen wie unbedingt notwendig
- Zum Brennholzschneiden unbedingt Auflageböcke verwenden

Schutzbekleidung
Jacke (Bluse) mit Warnfarben, Hose mit Schnittschutzeinlage, starke Schuhe mit Profilsohle, Schutzhelm mit Augen- und Gehörschutz sowie Handschuhe.

Oberflächenbehandlung

Zweck der Oberflächenbehandlung

Eine fachgerechte Oberflächenbehandlung hebt die natürliche Schönheit des Holzes hervor und bietet Schutz vor äußeren Einflüssen wie:

- Sonneneinstrahlung
- Schmutz
- Feuchtigkeit
- Chemische Belastung (Putzmittel)
- Mechanische Belastung (Abrieb)
- Holzschädlinge

Arten der Oberflächenbehandlung

Mechanische Behandlung

- Schleifen
- Bürsten
- Brennen
- Hobeln
- Schruppen

Physikalisch-chemische Behandlung

- Beizen
- Bleichen
- Ölen
- Wachsen
- Lasieren
- Lackieren

Vorbereitung des Holzes

Holzauswahl: Die Oberflächenbehandlung beginnt schon bei der Holzauswahl. Holzfehler wie Ausfalläste, Verfärbungen des Holzes (Bläue, Rotjährigkeit, Braunfäule) sollen herausgeschnitten oder ausgeflickt werden.

Verleimung: Um Rotverfärbungen der Holzes zu vermeiden, sollte Weißleim verwendet werden. Die Fugen der zu verleimenden Holzteile müssen exakt passen.

Ausbessern von Holzfehlern

Harzgallen müssen herausgestochen bzw. mit einem Lötkolben herausgebrannt werden. Die beste Art ist jedoch, mit passendem Holz auszuflicken. Dies kann auch mit einer Lamellofräse erfolgen.
Achtung: Spachtelkitte sollten vermieden werden, da sie die Farbe anders verändern als das Holz.

HOLZSCHLIFF

Eine gut geschliffene Holzoberfläche ist die Voraussetzung für ein schönes Oberflächenbild. Grundsätzlich wird längs zur Faser geschliffen, wobei kein stumpfes Schleifpapier verwendet werden darf. Bei Verwendung eines solchen wird zwar die Holzoberfläche geglättet, es erfolgt aber keine Abtragung von kleinen Holzteilen (Staub), dadurch wird die weitere Holzbehandlung negativ beeinflußt. Zum Schleifen von Flächen Schleifkörper mit einer weichen Auflage wie Filz, Kork oder Gummi verwenden, zum Schleifen von Kanten jedoch nur harte Schleifkörper einsetzen. Scharfe Kanten müssen unbedingt gebrochen werden, da auf einer gebrochenen Kante der Lack bzw. die Lasur haften bleibt und dadurch das Holz geschützt wird. Nach dem Schleifen müssen die Flächen gründlich entstaubt werden.
Die Schliff- und Körnungsarten sowie der jeweilige Verwendungszweck sind unter dem Kapitel „Handschleifmaschinen" angeführt.
Achtung: Unbedingt darauf achten, daß keine Druckstellen, Kratzer oder Verunreinigungen auf den geschliffenen Flächen entstehen.

BÜRSTEN

Man erreicht dadurch eine reliefartige Oberfläche, die Spätholzjahresringe scheinen erhaben, die Frühholzzonen (der weichere Teil eines Jahresringes) werden dabei herausgebürstet. Dies geschieht mit Handbürsten oder in der gewerbemäßigen Ausübung mit Bürstenwalzen. Handbürsten bestehen aus Stahldraht oder steiferem Messingdraht. Vor dem Bürsten muß das Holz mit einem Schleifpapier, Körnung 120, geschliffen werden. Das Bürsten erfolgt immer in Längsrichtung zur Holzfaser, nun kann das Holz gebeizt, lackiert, geölt, gewachst oder lasiert werden.

BRENNEN

Durch das Brennen erreicht man eine reliefartige Oberfläche, die Spätholzjahresringe sind schwärzlich.
Es werden Tannenholz- oder harzgallenfreie Fichtenholzflächen mit Brenngeräten angebrannt. Nach dem Brennen werden die Flächen mit einer Borstenbürste bebürstet; erst jetzt kann das Holz lackiert, gewachst, geölt oder lasiert werden.

HOBELN

Für rustikalere Ausführungen von Werkstücken ist es völlig ausreichend, wenn das Holz nur gehobelt wird. Nun kann es bebürstet, gebrannt, lasiert, gewachst oder geölt, aber auch lackiert werden.
Achtung: Beizen ist nicht empfehlenswert, da keine gleichmäßige Aufnahme der Beize erreicht wird.

SCHRUPPEN

Eine noch etwas rustikalere Oberfläche erreicht man durch das Schruppen. Dieses erfolgt mittels eines sogenannten Schrupphobels mit gerundetem Hobeleisen. Nun kann die Oberfläche wie beim Hobeln weiterbehandelt werden.
Rustikale Oberflächenstrukturen werden durch den Einsatz von Wellen-Streifenmessern, wie im Kapitel „Handhobelmaschine“ bereits angeführt, erreicht.

BLEICHEN

Zweck einer Bleichung ist es, helle Hölzer wie Ahorn, Esche, Birke noch mehr aufzuhellen, weiters werden dadurch Farbunterschiede bei Hölzern, die gebeizt werden, ausgeglichen. Überdies werden durch diesen Vorgang Verfärbungen im Holz beseitigt oder zumindest minimiert.
Zum Bleichen wird Wasserstoffperoxid in 30%iger Lösung kurz vor der Verarbeitung mit 3% Salmiak vermischt. Noch während der Reaktion, bei der Wärme und ein Aufschäumen dieser Mischung entsteht, muß die Fläche mit einem Schwammstab überstrichen werden. Die gebleichte Fläche über Nacht trocknen lassen und vor der weiteren Oberflächenbehandlung mit einem Lackschleifpapier, Körnung 180, überschleifen. Die Fläche kann jetzt lackiert, gewachst oder geölt werden.
Es dürfen keine Arbeitsgeräte aus Metall verwendet werden. Grundsätzlich immer die ganze Fläche bleichen.
Achtung: Bleichmittel sind stark ätzend und giftig, daher Schutzbrille und Gummihandschuhe tragen! Bleichmittel unter Verschluß aufbewahren!

ÖLEN

Öle bestehen aus natürlichen Stoffen wie z.B. aus dem Samen der Teakbäume (Teaköl) oder aus Leinsamen (Leinöl). Diese Öle werden ohne weitere Zusätze in der Oberflächenbehandlung angewendet. Sie reagieren nach dem Auftragen mit dem Luftsauerstoff und härten innerhalb von Tagen bis Wochen zu einem festen Film aus.
Öle werden kalt oder – wegen der besseren Eindringtiefe – erwärmt mit einem Pinsel oder Lappen aufgetragen, dabei sind zumindest 3 Aufträge notwendig. Öle werden in dünnen Schichten aufgetragen, wobei die letzte Schicht jeweils vor dem nächsten Auftrag aufgetrocknet sein muß. Die geölte Oberfläche wird immer vor dem nächsten Auftrag mit Lackschleifpapier geschliffen.

Vorteile einer geölten Oberfläche:
- Angenehm seidiger Glanz
- Geringer Arbeitsaufwand
- Das Holz bekommt eine intensivere Farbe
- Anfangs sehr glatte Flächen

Nachteile einer geölten Oberfläche:
- Geringe Widerstandskraft
- Bei Wassereinwirkung quillt der Ölfilm auf
- Die Ölschicht ist sehr dünn und zugleich ein Staubfänger

Achtung: In Öl getränkte Lappen können sich von selbst entzünden. Sie müssen deshalb gleich nach dem Gebrauch verbrannt oder in dicht verschlossenen Gefäßen verwahrt werden.

WACHSEN

Wachse zählen zu den natürlichen Überzugsmitteln in der Holzbearbeitung.
Man unterscheidet tierische Wachse wie Bienenwachs, pflanzliche, wie Karnaubawachs, und mineralische, wie gereinigtes Erdwachs (Ceresin).
Der Auftrag von Wachsen erfolgt mittels faserfreier Lappen. Es ist vorteilhaft, die Flächen 2–3 mal sehr dünn mit Wachsen zu behandeln. Zwischen jedem Auftrag ist eine Trockenzeit erforderlich. Nach der Härtung der letzten Wachsschichte wird die Fläche mit einer Glättbürste der Faserrichtung nach überbürstet.

Vorteile einer gewachsten Oberfläche:
- Einfache Oberflächenbearbeitungsmethode
- Natürlicher Effekt
- Keine Farbtonveränderung
- Umweltfreundlich

Nachteile einer gewachsten Oberfläche:
- Geringe Widerstandskraft
- Feuert nicht an
- Ist nicht kratz- und abriebfest
- Wachsschicht ergibt keine dichte Oberfläche

Achtung: Selbstentzündungsgefahr für die in Wachs getränkten Lappen.

IMPRÄGNIEREN – LASIEREN

Imprägnieren ist eine Oberflächenbehandlungsmethode mit chemischen Holzschutzlasuren, bei der die Holzflächen vor Feuchtigkeit und Pilz- sowie Insektenbefall geschützt werden können. Nach der Imprägnierung des Holzes erfolgt ein zwei- bis dreimaliger Anstrich mit einer Dünnschicht- oder Dickschichtlasur. Zum Schutz vor Verwitterung sind die Holzschutzlasuren mit Farbpigmenten versehen.
Der Oberflächenaufbau mit **Dünnschichtlasuren** wird vorwiegend für nicht maßhaltige Bauteile wie Außenverkleidungen, Verbretterungen, Zäune... eingesetzt. Nach der Trocknung des Imprägniergrundes erfolgt ein erster satter Auftrag durch Streichen der Dünn-

schichtlasur. Damit eine glatte Oberfläche entsteht, wird die Oberfläche jeweils vor dem nächsten Auftrag mit einem feinen Schleifpapier geschliffen. Ist der erste Auftrag der Dünnschichtlasur getrocknet, kann der zweite Auftrag erfolgen.

Der Oberflächenaufbau mittels **Dickschichtlasuren** wird in erster Linie für maßhaltige Bauteile wie Fenster, Außentüren, Pergolen... eingesetzt.
Nach der Trocknung des Imprägniergrundes erfolgt der erste Auftrag durch Streichen der Dickschichtlasur. Damit eine glatte Oberfläche entsteht, wird die Oberfläche jeweils vor dem nächsten Auftrag mit einem feinen Schleifpapier geschliffen. Nach dem Trocknen des jeweiligen Auftrages kann der nächste Auftrag ausgeführt werden.

Allgemeine Regeln für Dünn- und Dickschichtlasuren:
- Die beste Witterungsbeständigkeit weisen mittlere Farbtöne auf
- Holzschutzmittel sollten nicht in Wohn- und Vorratsräumen verwendet werden
- Ein Pflegeanstrich (Nachbehandlung) ist in Abhängigkeit vom Witterungsgrad in bestimmtem Zeitabständen notwendig
- Kalk und Säuren können auf den Lasuren Flecken erzeugen

Wässern

Weichhölzer müssen vor der Behandlung mit wäßrigen Beizen gewässert werden. Auch bei nicht gebeizten Oberflächen wirkt sich das Wässern durch die gleichmäßige Aufnahme von Beizen, Lack oder Lasur auf die fertig behandelte Oberfläche positiv aus.

Wässern ist wichtig zum:
- Öffnen der Poren (dadurch wird ein gleichmäßiges Beizbild erreicht)
- Aufrichten der Holzfaser (speziell bei Verwendung von bereits leicht stumpfem Schleifpapier)
- Aufquellen von Druckstellen (würde man bei Verwendung einer wäßrigen Beize nicht wässern, entstünde das Aufquellen erst nach dem Beizen, und durch den anschließenden Lackzwischenschliff würde die Beize weggeschliffen werden).

Grundsätzlich wird nach dem Schleifen gewässert. Das lauwarme Wasser wird mit einem Schwamm, einem Pinsel oder einer Spritzpistole satt aufgetragen. Nach dem Trocknen muß die Fläche mit einem scharfen Schleifpapier (Körnung 150–180) in Faserrichtung nachgeschliffen werden.

Beizen und Färben

Beizen sind ölige oder wäßrige Lösungen von löslichen Farbstoffen oder unlöslichen Pigmenten, die den natürlichen Farbton des Holzes verändern.
Die Farbtonveränderung kann durch Beizen oder Färben erfolgen.

Beizen

Die Farbtonbildung entsteht durch chemische Reaktion der Beizlösung mit den Holzinhaltsstoffen bzw. durch Ablagerung von Schutzpigmenten auf der Oberfläche. Diese halten die Farbstoffe auf den harten Jahresringen, dadurch entsteht ein positives Beizbild.
Harte Jahresringe (Spätholzzonen) bleiben bzw. werden dunkel.
Weiche Jahresringe (Frühholzzonen) bleiben bzw. werden heller.
Chemische Beizen werden in Einkomponentenbeizen und Räucherbeizen unterteilt.

- **Einkomponentenbeizen:** Die Farbtonbildung erfolgt durch Farbstoffe und Chemikalien. Das Beizbild ist positiv und für alle Lacksysteme geeignet.
- **Räucherbeizen:** Die Farbtonbildung erfolgt durch Farbstoffe und Chemikalien. Das Beizbild ist positiv, nur für gerbstoffhaltige Hölzer wie Eiche anwendbar. Zum Überlackieren dürfen keine Säurehärterlacke verwendet werden.

Färben

Die Farbtonbildung entsteht durch Ablagerung der Farbstoffe oder durch Farbpigmente auf und zwischen den Holzfasern. Dadurch entsteht ein negatives Beizbild.
Harte Jahresringe (Spätholzzonen) werden heller.
Weiche Jahresringe (Frühholzzonen) werden dunkler.

- **Farbstoffbeizen:** Die Farbtonbildung entsteht durch Ablagerung der Farbstoffe in der Holzfaser, das Beizbild ist negativ. Sind für alle Holzarten und Lacksysteme geeignet.
- **Pigment- und Lösungsmittelbeizen:** Die Farbtonbildung entsteht durch Auf- und Einlagerung der Farbpigmente in die Holzfaser. Das Beizbild ist negativ mit Schwarzporeneffekt. Sie sind nur für grobporige Hölzer wie Eiche, Esche, aber für alle Lacksysteme geeignet.

WACHSBEIZEN

Mit diesen Beizen werden Erdfarbstoffe und Wachs in geeigneten Lösungsmitteln mit verschiedenen Zusätzen auf das Holz aufgetragen. Das Wachs lagert sich auf der Oberfläche ab und wird nach dem Trocknen glänzend gebürstet.

Vorteile:

- Farbgebung und Oberflächenschutz werden durch einen Arbeitsgang erreicht.

Nachteile:

- Oberfläche ist nicht mehr überlackierbar und nicht wasserfest – daher nur bei wenig beanspruchten Flächen anwenden (Deckenverkleidungen)

Arbeitsrichtlinien und Beizregeln

- Holz sorgfältig auswählen – verblautes, schwammiges Holz oder Holz mit Harzgallen bzw. Rissen ist ungeeignet

- Gleichmäßiger Holzschliff – je gröber die Holzoberfläche, desto mehr Beize wird aufgenommen und die Fläche wird dunkler
- Sorgfältig entstauben – Schleifstaub in den Poren führt zu starker Porenbetonung und zu fleckigem Beizbild
- Stehende Flächen von unten nach oben beizen
- Liegende Flächen müssen waagrecht aufliegen, da sonst die Beize abrinnen kann
- Nur eisenfreie Gefäße verwenden
- Beize gut schütteln oder umrühren
- Gebrauchte Beizen nicht in das Vorratsgefäß zurückschütten
- Trocknungs- bzw. Entwicklungszeiten laut Firmenangabe einhalten

Beizauftrag

- **Pinsel:** Der Auftrag erfolgt mit einem weichen Flachpinsel. Die überschüssige Beize muß gut vertrieben (mit dem Pinsel gleichmäßig verstrichen) werden.
- **Schwamm:** Die satt aufgetragene Beize wird mit einem ausgedrückten Schwamm abgezogen.
- **Wischen:** Der Auftrag erfolgt mit einem Lappen und ist gut zu vertreiben bzw. abzuziehen.

LACKIEREN

Die mechanischen Vorbehandlungen der Holzoberfläche können durch das Lackieren weiter veredelt werden.
Lacke sind Beschichtungsstoffe, die grundsätzlich aus Filmbildnern (Harzen) und Lösemitteln bestehen. Sie können auch zusätzlich mit Mattierungsmitteln, Schleifzusätzen, Lichtschutzzusätzen, Farbpigmenten u.a. versetzt werden, um ihre Oberflächeneigenschaften zu verändern.
Lackieren ist ein Vorgang, durch den das Holz eine Beschichtung erhält, wodurch die Oberflächeneigenschaften erhöht werden.

Lackaufbau

Nach dem Holzschliff erfolgt die Grundierung, nach dem Trocknen des Lackes wird mit einem Lackschleifpapier zwischengeschliffen. Unmittelbar darauf kann die Decklackierung durchgeführt werden.

Grundregeln des Lackierens

Hochwertige Oberflächen können nur dann erzielt werden, wenn einige wichtige Grundregeln beachtet werden:

- Die Raumtemperatur sollte zwischen 18° C und 24° C liegen
- Werkstück- und Lacktemperatur sollten der Raumtemperatur angeglichen sein
- Lack vor der Verarbeitung gut aufrühren

- Die Luftfeuchtigkeit darf nicht zu hoch sein (ca. 60 %)
- Immer grund- und decklackieren
- Zwischen Grund- und Decklackauftrag nicht mehr als 24 Std. vergehen lassen
- Immer zwischenschleifen (Körnung 240–400) und ordentlich entstauben
- Nicht verschiedene Lacksysteme miteinander vermischen
- Nicht über Beschlägeteile lackieren
- Ältere Lackflächen vor einem neuerlichen Überlackieren gut anschleifen

Glanzgrade

Ein Glanzgrad gibt den Anteil des reflektierten Lichtes an.
Durch den Lackaufbau können folgende Oberflächeneffekte erzielt werden:

stumpfmatt	G 10	seidenglänzend	G 70
matt	G 30	glänzend	G 90
seidenmatt	G 50	hochglänzend	G 100

Auftragstechniken

Heimwerker wenden hauptsächlich die Auftragstechnik des Streichens oder die des Rollens an. Manchmal wird auch mit der Spritzpistole gearbeitet.

Pinselauftrag

Das zu verarbeitende Material streicht man in einer Richtung auf die Fläche, bis der Pinsel ausgestrichen ist, dann in gleichmäßigen Zügen flott in der Querrichtung, bis die Fläche mit einem gleichmäßigen Überzug versehen ist.

Vor- und Nachteile des Streichens:

- Relativ leicht erlernbare Auftragstechnik
- Für größere Werkstücke und höhere Stückzahlen allerdings ziemlich zeitaufwendig
- Optisch nicht immer perfekt

Rollen

Für größere plane Flächen kommt anstelle des Pinsels immer mehr die Rolle zur Anwendung. Je nach Art des Beschichtungsmaterials muß die geeignete Rolle verwendet werden (Lammfell-, Kurzhaar- und / oder Langhaarrolle). Über die für das jeweilige Auftragmaterial zu verwendende Rolle gibt der Verkäufer Auskunft.

Vor- und Nachteile des Rollens:

- Geringerer Arbeitsaufwand gegenüber dem Streichen
- Gleichmäßigere Überzugsdicke (Filmdicke)
- Der Filmverlauf ist nicht durch Pinselstriche (Furchen) beeinträchtigt
- Der Kraftaufwand ist geringer, allerdings ist die Rolle nur für glatte Flächen einsetzbar
- Die Untergrundbenetzung ist schlechter als beim Streichen

- Sehr glatte Untergründe sind beim ersten Auftrag kaum beschichtbar
- Bei zu schnellem Rollen spritzt es häufig

Konventionelles Spritzen
Die einfachste Art ist das Spritzen mit der Becherpistole und Druckluftunterstützung. Vorheriges Verdünnen des Oberflächenmaterials ist allerdings laut Datenblatt des Materials notwendig.

Vor- und Nachteile des Spritzens:
- Optisch entsteht eine einwandfreie Filmoberfläche
- Je nach Werkstück beträgt der Lackverlust bis zu 50 %
- Die Lackausstoßmenge ist relativ gering
- Der Zeitaufwand gegenüber dem Rollen und Streichen ist geringer

Sprayen
Sprayen ist ein beliebte Form der Auftragstechnik, besonders im dekorativen Bereich, aber auch für die Lackierung von Kleingegenständen.

Vor- und Nachteile der Sprayens:
- Geringer Arbeitsaufwand und leichte Handhabung
- Es werden allerdings nur geringe Filmdicken erreicht
- Sprayen ist zur Erreichung eines einwandfreien Oberflächenbildes bei größeren Flächen nicht geeignet

Arbeitsrichtlinien für die Verarbeitung von Lacken

- **Nitrozelluloselacke (NC-Lacke)**

Diese sind Einkomponentenlacke und werden vorwiegend für Möbeloberflächen verwendet. Sie sind leicht verarbeitbar, jedoch nicht sehr widerstandsfähig.

- **Säurehärterlacke (SH-Lacke)**

Sind Ein- und Zweikomponentenlacke und werden für Möbel, die starker Abnützung ausgesetzt sind, verwendet. Der Nachteil der SH-Lacke ist, daß sie Formaldehyd enthalten.

- **Polyuretanlacke (PU-, PUR-, DD-Lacke)**

Sind Ein- und Zweikomponentenlacke und werden für die Erreichung chemisch und mechanisch widerstandsfähiger Oberflächen wie z.B. Fußböden, Möbeloberflächen, Tischplatten... verwendet.
PU, PUR, DD sind Bezeichnungen für chemisch analog aufgebaute Lacke, wobei eine Komponente Härter mit der Komponente Lack reagiert. Bei zweikomponentigen Lacken müssen Lack und Härter vor der Verarbeitung gemischt werden. PU-Lacke härten irreversibel aus, das heißt, nach einiger Zeit wird der Lackfilm absolut lösungsmittelfest. Wird mit dem Überlackieren zu lange gewartet, tritt keine Zwischenhaftung ein.

Zur Fußbodenversiegelung werden auch Einkomponenten-PU-Lacke eingesetzt. Die Aushärtung bei diesen Systemen erfolgt durch Feuchtigkeitsaufnahme aus der Luft.

- **Wasserlacke**

Sind widerstandsfähige Ein- und Zweikomponentenlacke, die aufgrund des geringen Lösungsmittelanteiles besonders umweltfreundlich sind. Sie gewinnen in allen Bereichen der Oberflächentechnik immer mehr an Bedeutung.
Wasserlacke verursachen nach dem ersten Auftrag ein Aufstehen der Holzfasern. Daher sind sie trotz ihrer ausgezeichneten Füllkraft für einen einmaligen Lackauftrag nicht geeignet. Der Grundlack wird eher dünn aufgetragen.
Eventuell ein zweitesmal grundlackieren. Nach dem Zwischenschliff etwas satter decklackieren. Der Sorgfältigkeit kommt besondere Bedeutung zu. Ein Wässern des Holzes vor dem Lackieren ist empfehlenswert.
Niedrige Luftfeuchtigkeit und höhere Raumtemperatur beschleunigen den Trockenvorgang.
Wasserlackreste dürfen keinesfalls über die Kanalisation entsorgt werden!

SICHERHEITSHINWEISE ZUM ARBEITEN MIT OBERFLÄCHENMATERIALIEN

- Anleitungen der Herstellerfirmen beachten
- Fast alle Oberflächenmaterialien sind feuergefährlich, ätzend und gesundheitsschädlich
- Bei der Oberflächenbehandlung stets auf gute Be- und Entlüftung achten
- Während des Arbeitens keine Nahrungsmittel zu sich nehmen
- Absolutes Rauchverbot
- Schutzbekleidung verwenden (Atemschutz, Handschuhe, Brille, Schutzcreme für die Hände, Gummischürze)
- Umweltschutz beachten: Reste von Oberflächenmaterialien sind Sondermüll
- Oberflächenmaterialien dürfen nicht in das Erdreich gelangen, daher am Boden saugendes Papier auflegen
- Lösungsmittel stellen eine sehr starke Belastung für die Umwelt dar, daher sparsame Anwendung sowie umweltfreundliche Produkte auf Wasserbasis verwenden
- Oberflächenmaterialien dürfen nicht in Lebensmittelbehältern aufbewahrt werden und müssen für Kinder unerreichbar sein
- Bei gesundheitlichen Beschwerden oder Vergiftungserscheinungen den Arzt aufsuchen (wenn möglich Etikett vom Oberflächenmaterial mitnehmen)

Werkstücke

Die Beschreibung zur Anfertigung der einzelnen Werkstücke stellt keine detaillierte Bauanleitung dar, sondern soll den Leser nur bei der individuellen Planung und Anfertigung unterstützen. Es sind dabei die wichtigsten Arbeitsschritte angegeben, die im ersten Teil des Buches meist genau beschrieben sind. Der eigenen Phantasie zur Gestaltung der Werkstücke sind dabei keine Grenzen gesetzt.
Am Ende dieses Kapitels finden Sie noch Bilder mit kurzen Bildtexten, die Ihnen noch weitere Möglichkeiten des Gestaltens mit Holz aufzeigen sollen.

Sandkiste

Holzauswahl: Geeignet sind Lärche und Tanne. Äste und sonstige Holzfehler sind für diese sehr beanspruchte Außenanwendung nicht so bedenklich. (Luft, Wasser, Sand, Erde.)

Zuschnitt: Der Zuschnitt erfolgt mit der Kreissäge, Handkreissäge oder Bandsäge. Nach dem Hobeln werden die Teile für den Rahmen und für die Sitzfläche auf die gewünschte Länge abgeschnitten. Bei der Sitzfläche die Teile gerade ablängen oder auf 45° ablängen. Die Reststücke beim 45°-Ablängen für den Kasten zur Versteifung verwenden.

Teile der Sandkiste vor dem Zusammenbau

Hobeln: Der Rahmen kann außen sägerauh bleiben, innen sollte er gehobelt werden. Die Sitzfläche beiderseits hobeln. Kanten mit der Oberfräse entweder abfasen oder eine Rundung fräsen.

Holzverbindung Kasten: Die einfachste Lösung ist, den Kasten mit Nägeln zusammenzunageln. Andere Möglichkeiten sind Fingerzinken oder Nut und Feder.

Holzverbindung Sitz: Diese sollte durch Nut- und Federverbindung (Lamelloverbindung), Dübelverbindung oder einen eingestemmten Schwalbenschwanz gemacht werden. Verbindung nur mit wasserfestem Leim verleimen oder mit einem mechanischen Verbindungsbeschlag verschrauben. Eventuell übriggebliebene Gehrungsecken auf der Unterseite annageln. Sitzrahmen mit Nägeln oder Nirostaschrauben befestigen.

Oberfläche: Eine Grundierung gegen Pilzbefall auftragen. Nach dem Trocknen mit einer Dickschichtlasur fertigstellen. Vorsicht – muß für Kinder geeignet sein! Eine zweite Möglichkeit ist, den Kasten mit Leinölfirnis zu behandeln. Vorsicht – lange Trockenzeit!

Maße: Innenmaße ca. 100 cm x 130 cm
Höhe ca. 20 cm
Breite der Sitzfläche ca. 15 cm
Diese Sandkiste kann auch zerlegbar angefertigt werden (siehe Fotos).

Die einzelnen Teile werden zusammengeschraubt

So sieht die „einsatzbereite" Sandkiste aus

LEITER

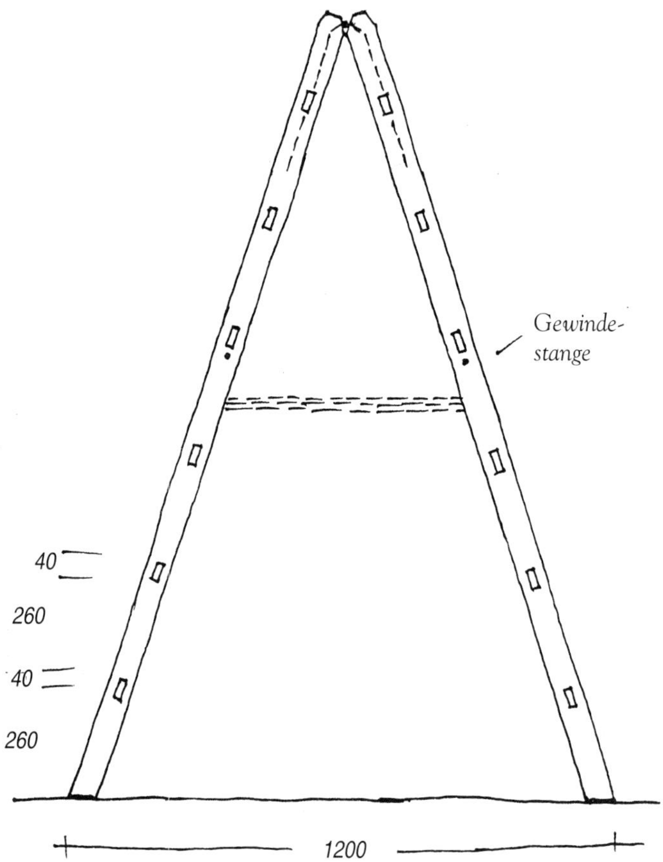

Holzauswahl: 4 Stück Holme aus Fichte oder Lärche. Enge Jahresringe und Astfreiheit sind erforderlich. Die Sprossen werden am besten aus Esche gefertigt.

Zuschnitt: Die besten Möglichkeiten sind mit Kreissäge oder Bandsäge. In der Dicke und in der Breite um ca. 6–8 mm größer zuschneiden. Es gibt auch die Möglichkeit, eine Handkreissäge in eine Hobelbank einzuspannen, oder eigens dafür vorgesehene Handkreissägetische zu verwenden. Breitenanschläge sind normalerweise bei dem Kauf einer Handkreissäge inkludiert.

Hobeln: Bei den Sprossen und Holmen eine Winkelkante hobeln, weiters auf die richtige Dimension bringen.

Anreißen: Die Zapfen und Zapfenlöcher mit dem Streichmaß und einem Winkelhaken anreißen.

Achtung: Bei den Zapfen der Sprossen die Innenkante (Brust) leicht schräg schneiden (Schräge der Leiter). Beim Bohren und Stemmen der Zapfenlöcher immer innerhalb der Rißmitte bleiben. Schneiden der Zapfen außerhalb der Rißmitte.

Bohren: In die angerissenen Holme mit der Ständerbohrmaschine oder Langlochbohrmaschine Löcher bohren. Anschließend mit einem Stemmeisen und einem Knüpfel eckig ausstemmen.

Achtung: Unterlage verwenden und mit einer Schraubzwinge befestigen.

Sägen: Die angezeichneten Zapfen der Sprossen am besten mit einer Handsäge schneiden (längs und quer). Ebenso werden die Keilschlitze geschnitten.

Fräsen: Die Oberfräse in den dafür vorgesehenen Tisch einspannen, und entweder eine 45°-Fase oder eine Rundung fräsen.

Leimen: Nach dem Schleifen die Holme und Sprossen mit wasserfestem Leim verleimen und die vorgefertigten Keile leimen und von außen einschlagen. Vorher mit Zulagen und Zwingen zusammenspannen.

Putzen: Die Überstände der Keile und Zapfen am besten mit einer feinen Säge wegschneiden. Anschließend mit Dreieckschleifer und Exzenterschleifer schleifen.

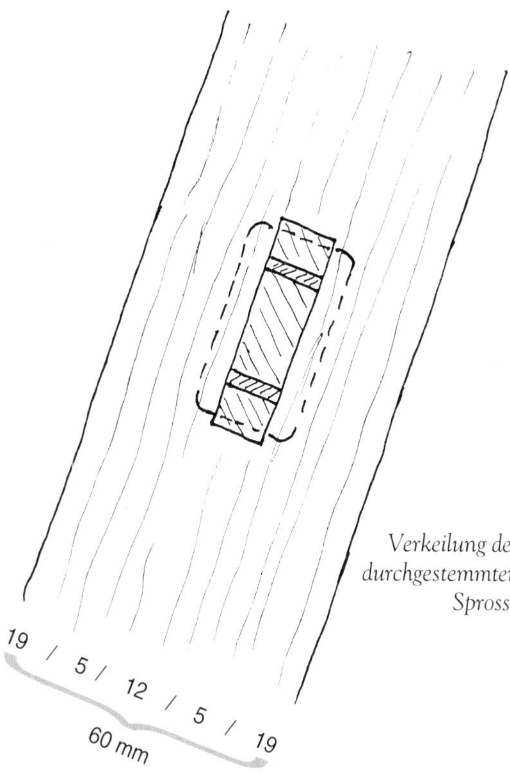

Verkeilung der durchgestemmten Sprosse

Beschläge: Am oberen Ende die Scheren mit Torbandschrauben befestigen. Eine Gewindestange laut Zeichnung in der Mitte der Leiter unter einen Sprossen einbohren. Die beiden Ketten zum Abstandhalten auf die richtige Länge montieren.
Leiter aufstellen, mit einem kleinen Holzblock anreißen und auf die richtige Länge abschneiden. Rutschsicheren Gummi auf der Unterseite befestigen.

Oberfläche: Benützt man die Leiter zum überwiegenden Teil in Innenräumen, sollte sie mit Lack behandelt werden. Für außen: Grundierung und Dickschichtlasur.

WERKSTATTBÖCKE

Holzauswahl: Am besten geeignet ist Fichten- oder Buchenholz. Eingewachsene Äste sind akzeptabel. Schwarze Äste sollten vermieden werden.

Zuschnitt: Auf einer Kreissäge besäumen und anschließend auf Breite schneiden. Nicht ablängen!

Hobeln: Mit einer Abrichthobelmaschine (oder Handhobelmaschine) eine Winkelkante anhobeln. Mit einem Winkelzeichen versehen. Anschließend mit einer Dickenhobelmaschine auf die richtige Dimension bringen.

Ablängen: Das „schönere Ende" zuerst im rechten Winkel schneiden, dann ablängen, damit der weniger schöne Teil des Holzes abfällt. Wer keine Kreissäge, Abrichthobelmaschine und Dickenhobelmaschine besitzt, sollte sich die Teile bei einem Tischler oder Baumarkt vorbereiten lassen.

Bohren: Mit einer Ständerbohrmaschine (oder Langlochbohrmaschine) in die Füße und Kufen Zapfenlöcher bohren. Die Löcher mit dem Stemmeisen putzen. Dübellöcher mit einem Durchmesser von 10 mm in die Holme und Holmauflagen bohren.

Achtung: Arbeitet man mit einer Handbohrmaschine, sollte man einen Winkelhaken verwenden (siehe Kapitel „Handmaschinen).

Anmerkung: Das Anreißen der Dübellöcher erfolgt am besten, indem man kleine Nägel abzwickt, in das Holz schlägt und das Gegenstück daraufdrückt, dadurch entstehen Lochmittelpunkte.

Sägen: Man beginnt die Zapfen längs einzuschneiden. Der zweite Arbeitsschritt ist die Zapfen abzusetzen. Als letztes werden die Keilschlitze geschnitten. Alle diese Arbeiten werden am besten mit der Handsäge oder auf einer Bandsäge durchgeführt.

Anmerkung: Für den ersten Versuch verwendet man am besten ein Probestück.

Hobeln: Um den Mittelteil der Kufen wegzuhobeln, verwenden wir die Handhobelmaschine oder die Abrichthobelmaschine.
Vorsicht: Unfallgefahr!

Fräsen: Die Oberfräse in einen Oberfrästisch einspannen. Einen Rundungsfräser montieren und alle Längsteile sowie sichtbaren Querteile fräsen.

Kleinteile: Keile zuschneiden. Dübel ablängen und fasen. Filzstreifen aufleimen.

Schleifen: Am besten mit einem Exzenterschleifer. Schleifpapier mit Körnung 120 verwenden.

Leimen: Zulagen, Zwingen, Bauleim, Pinsel, Spachtel vorbereiten. Satt leimen – mit Zulagen und Zwingen zusammenspannen. Keile geleimt einschlagen. Trocknen lassen. Überstände absägen, schleifen.

Oberfläche: Leinölfirnis oder Hartöl mit einem Pinsel auftragen und anschließend mit einem sauberen Tuch abwischen.

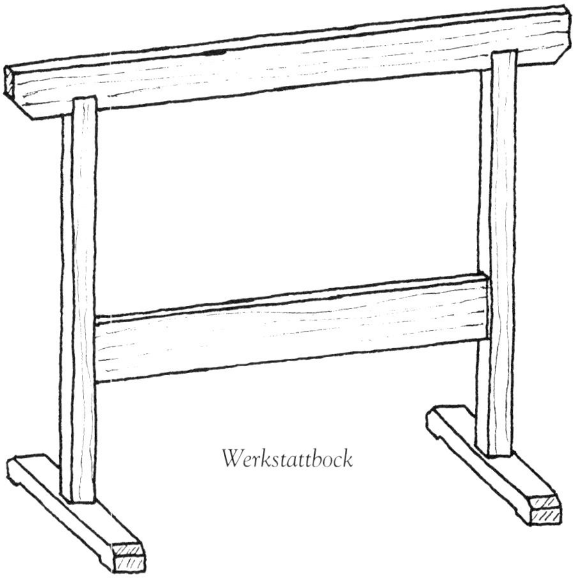

Werkstattbock

Anmerkung: Hartöl oder Leinöl in einen Kübel mit warmem Wasser stellen.

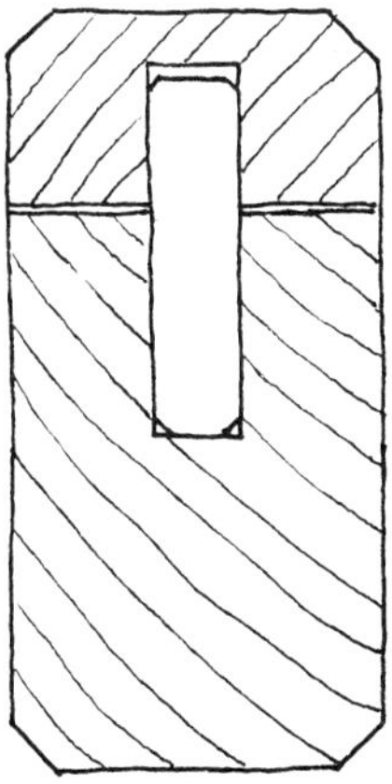

Abgefaste Auflage

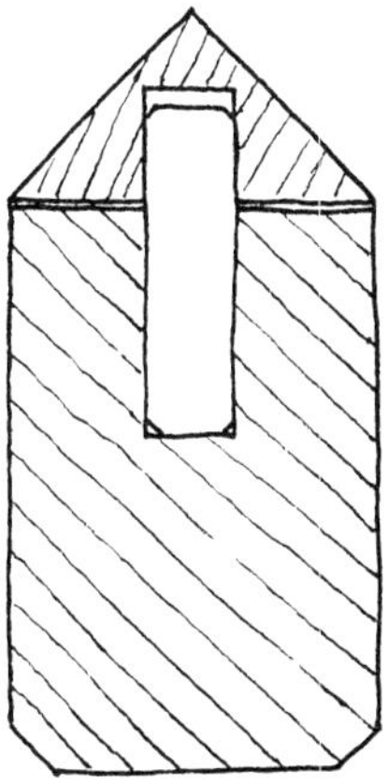

Dreikant-Auflage

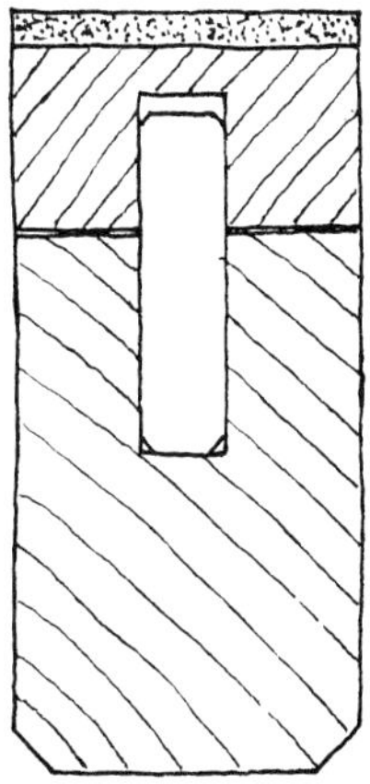

Filzauflage

HOCKER

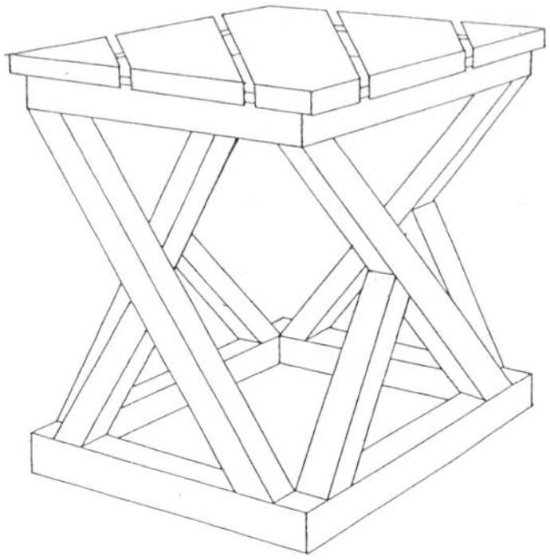

Holzauswahl: Äste und Harzgallen sollten vermieden werden. Auf geraden Wuchs achten. Buche, Lärche, Fichte, Kiefer, Ulme usw. sind gut geeignet.

Zuschnitt: Sitzbretter, Füße, Steg und Sprossen in der Dicke und Breite um ca. 6 mm, in der Länge um ca. 4–5 cm größer zuschneiden.

Hobeln: Die Teile abrichten, dickenhobeln und auf die richtige Länge abschneiden.

Anreißen: Zapfenlöcher und Zapfen mit Streichmaß und Winkel anreißen.

Verbindungen: Zapfenlöcher bohren und mit einem Stemmeisen eckig ausarbeiten. Zapfen mit einer feinen Handsäge absetzen.

Fräsen: Oberfräse in den Tisch einspannen und mit einem 3–4 mm-Rundungsfräser Füße, Steg und Sprossen runden. Teile anschließend schleifen.

Fertiger selbstgebastelter Hocker

Leimen: Die Teile mit Zulagen und Zwingen verleimen. Mit dem Winkelhaken den rechten Winkel kontrollieren und die Diagonale messen. Trocknen lassen, bis der Leim ausgehärtet ist, dann erst ausspannen.

Fräsen: Sitzbretter mit einen 45°-Fräser abfasen.

Dübeln: Die Mittelpunkte zum Bohren der Dübellöcher in der Sitzfläche und die Zargen entweder mit der Nagelmethode oder

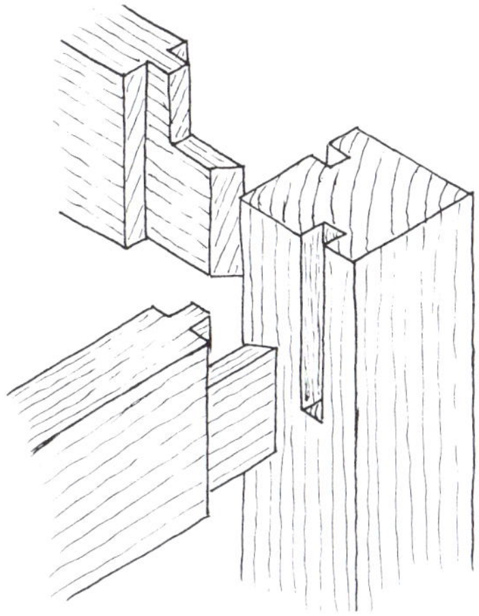

Die Zapfenlöcher werden gebohrt und dann ausgestemmt

mit Dübelanreißer markieren. Die gefasten Sitzbretter anschließend mit Zulagen und Zwingen aufleimen.

Oberfläche: Mit Lack zwei- bis dreimal streichen oder spritzen.

Dimension: Höhe 42–46 cm, Breite 35–40 cm, Länge 35–40 cm.
Man kann auch einen Hocker mit der Kettensäge aus einem Rundholz, das aber einen Mindestdurchmesser von 40–45 cm haben sollte, anfertigen. Siehe Skizze links unten.

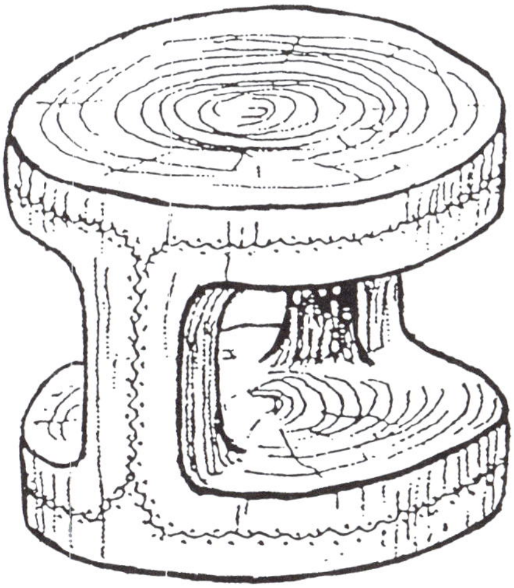

Jetzt fehlt nur mehr das Sitzbrett

STOCKERL

Holzauswahl: Als Holzarten eignen sich Fichte, Buche, Kiefer und Erle. Dabei können für die Sitzflächen besäumte Hölzer oder auch Hölzer mit Waldkante verwendet werden. Bei den Füßen sind viereckige, achteckige, runde oder gewachsene runde Teile verwendbar.

Zuschnitt: Je nach Bauart werden die Sitzbretter besäumt und abgelängt. Bei den Füßen wird die Länge bestimmt und abgeschnitten. Im oberen Bereich wird die Dicke des Sitzbrettes gerundet und der Länge nach eingeschnitten.

Hobeln: Die Sitzflächen abrichten und auf Dicke hobeln. Quadratisch gehobelte Füße werden auf der Abrichthobelmaschine achteckig gehobelt, dabei wird der Anschlag von der Abrichthobelmaschine auf 45° eingestellt. Dieser Vorgang kann auch auf einer Handhobelmaschine durchgeführt werden. Gewachsene runde Füße werden mit einem Handhobel nur von der Rinde befreit.

Anreißen: Die vier Mittelpunkte der Löcher für die Füße auf der Sitzfläche anreißen.

Bohren: An dem Tisch der Ständerbohrmaschine die gewünschte Schräge für die Füße einstellen. Mit einem Kunstbohrer von 25 mm Durchmesser die Sitzfläche durchbohren.

Anmerkung: Zulage verwenden, ansonsten reißt das Holz der Sitzfläche auf der Unterseite aus.

Putzen: Bei allen Teilen die scharfen Kanten mit einem Schleifpapier, Körnung 120, brechen.

Leimen: Die Löcher und Zapfen gut mit Leim bestreichen. Die Füße einpassen und mit Keilen sichern.

Oberfläche: Nach Wunsch mit Lack, Wachs, Hartöl oder Lasur behandeln.

Dimension: Höhe von 25–40 cm, Breite 25–35 cm, Länge 45–50 cm.

WERKZEUGKISTE

Holzauswahl: Fichte und Tanne sind von der Härte und der Bearbeitung am besten geeignet.

Zuschnitt: Die Größe der Werkzeugkiste festlegen und in einer Übergröße zuschneiden. Die Teile, an denen der Tragegriff befestigt ist, mit der Stichsäge in der gewünschten Form ausschneiden.

Hobeln: Alle Teile abrichten und auf die richtige Dicke hobeln. Anschließend auf die richtige Größe zuschneiden.

Anreißen: Die Löcher für den Tragegriff anreißen. Je nach Wunsch – eckig oder rund. Punkte für das Zusammenschrauben oder das Zusammendübeln festlegen und anreißen.

Bohren: Auf der Ständerbohrmaschine mit einer Unterlage die Löcher für die Griffe bohren. Bei eckigen Grifflöchern anschließend ausstemmen. Dübelt man die Kiste, sollte man die Löcher innen mit einem ca. 6mm-Bohrer bohren. Schraubt man die Kiste, wird ein kleinerer Bohrer verwendet.

Anmerkung: Außen einen Ausreiber verwenden, damit man die Schrauben versenken kann.

Zusammenbau: Der Griffteil wird geleimt und mit einem Keil befestigt. Wird die Variante mit den Dübeln gewählt, muß man Leim, Zulagen und Zwingen vorbereiten. Schraubt man die Kiste, sollte man darauf achten, daß außen alle Teile bündig sind.

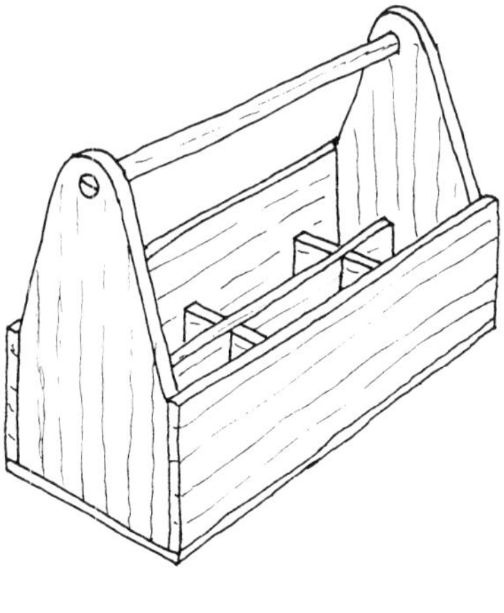

Anmerkung: Kleine Zwingen mit Zulagen verwenden, dann kann das Holz nicht so leicht Risse bilden!

Inneneinteilung: Je nach vorhandenem Werkzeug soll die Inneneinteilung nach eigenen Vorstellungen angefertigt werden. Innenteile zur Hälfte einschneiden und zusammenstecken. Mit Leim, Lamello oder Schrauben in der Kiste befestigen.

Oberfläche: Die Möglichkeiten reichen vom Lackieren bis zu einer Leinöloberfläche.

FUTTERHAUS

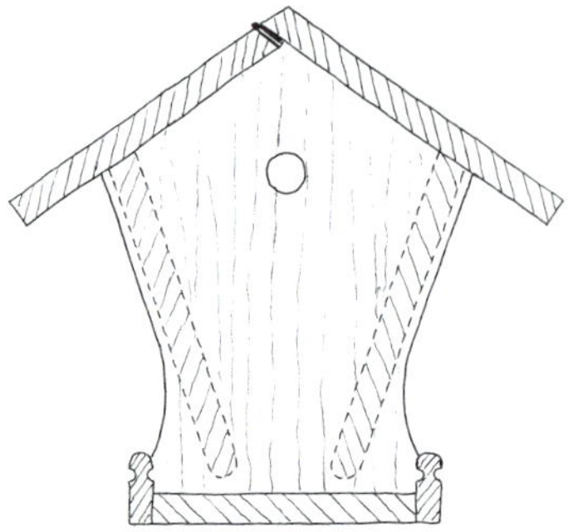

Holzauswahl: Fichte, Tanne, Lärche und Kiefer sind von der Bearbeitung und von der Verwendung für außen gut geeignet.

Zuschnitt: Zwei Deckel, zwei Seitenteile, zwei Hirnteile, zwei Sitzleisten und einen Boden. Diese Teile aushobeln und zuschneiden. An den Hirnteilen mit einer Stichsäge die Rundungen ausschneiden.

Anmerkung: Eine Rundung anreißen und ausschneiden, auf die anderen Teile legen und nachzeichnen. Dadurch bekommen alle die gleiche Form.

Bohren: An den Hirnteilen mit der Ständerbohrmaschine ein Lüftungsloch bohren. An den Seitenteilen werden jeweils drei Löcher gebohrt. Diese werden anschließend im rechten Winkel mit der Stichsäge ausgeschnitten.

Fräsen: Die Oberfräse in den Tisch einspannen und die Sitzleisten in zwei Arbeitsgängen fräsen (Viertelstabfräser, Hohlkehlfräser). Die Futterlöcher werden ebenso mit dem Viertelstabfräser bearbeitet.

Bohren: Für den Zusammenbau die nötigen Löcher bohren und ausreiben.

Schleifen: Alle Teile mit dem Exzenterschleifer (Korn 120) schleifen. Die Kanten werden mit Hilfe eines Handschleifbackens geschliffen.

Anmerkung: Gebohrte Teile schleift man am besten, indem man ein Schleifpapier auf eine runde Stange klebt oder nagelt.

Beschläge: Ein Stangenscharnier entsprechend der Länge des Daches mit einer Eisensäge abschneiden.

Zusammenbau: Darauf achten, daß die Schrauben die richtige Dimension haben und bündig in das Holz geschraubt werden.

Oberfläche: Bei einem Futterhäuschen keine Holzschutzmittel verwenden. Eventuell das Dach mit Dachpappe decken.

ZÄUNE

ZÄUNE – EINFRIEDUNGEN

Der Zaun als Einfriedung eines Grundstückes ist in den meisten Bauordnungen vorgeschrieben. Er schützt vor ungebetenem Besuch und unerwünschtem Einblick. Holz ist ein natürliches Material, das den gestalterischen und praktischen Anforderungen an Zäune völlig gerecht wird.

BAUTEILE EINES ZAUNES

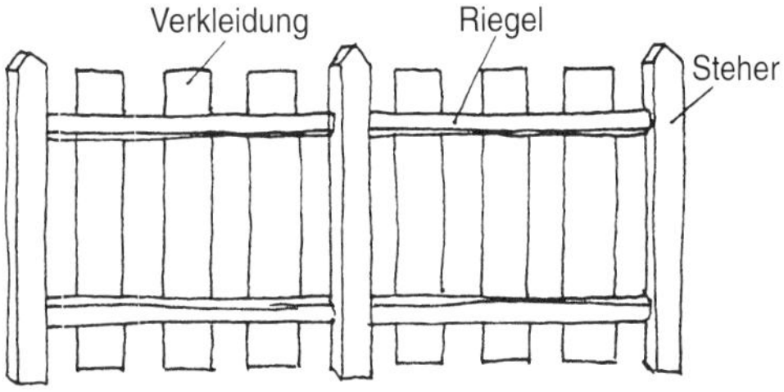

Die Zaunsteher oder Zaunsäulen sind senkrecht aufgestellt und müssen unten befestigt werden. Auf ihnen werden die waagrecht verlaufenden Riegel als Träger der Zaunverkleidungen angebracht. Diese können eingezapft, eingeblattet oder auch nur genagelt oder angeschraubt werden.
Die Zaunverkleidungen können vielseitig gestaltet werden. So können verschiedene Bretter oder Latten senkrecht, waagrecht oder auch schräg angeordnet werden.

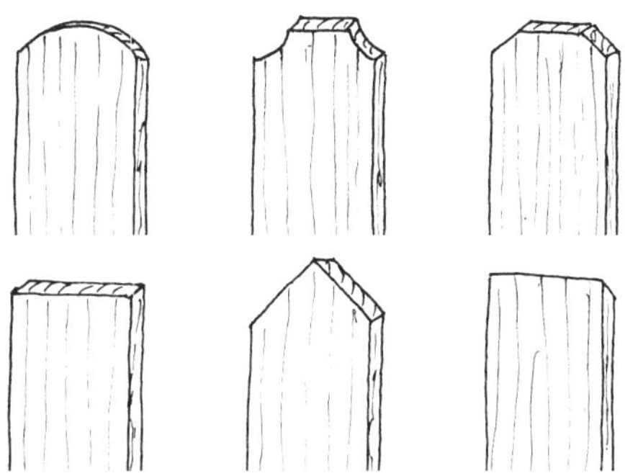

Steher

Steher für Zäune oder Pergolen werden im allgemeinen nicht direkt im Erdbereich eingegraben. Zum Schutz gegen die aufsteigende Nässe sind die Steher auf einer eisernen Standplatte, einem U-förmigen Bandeisen oder einem vorgefertigten Stützelement befestigt. Die Funktion der Steher können betonierte Säulen sowie aus Natursteinen gemauerte Säulen übernehmen.

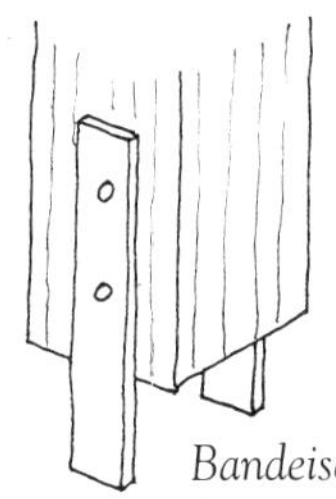

Bandeisen durchgeschraubt

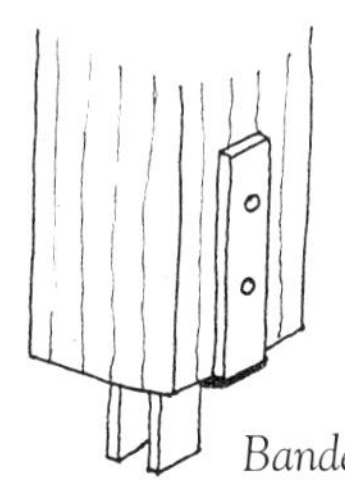

Bandeisen U-förmig

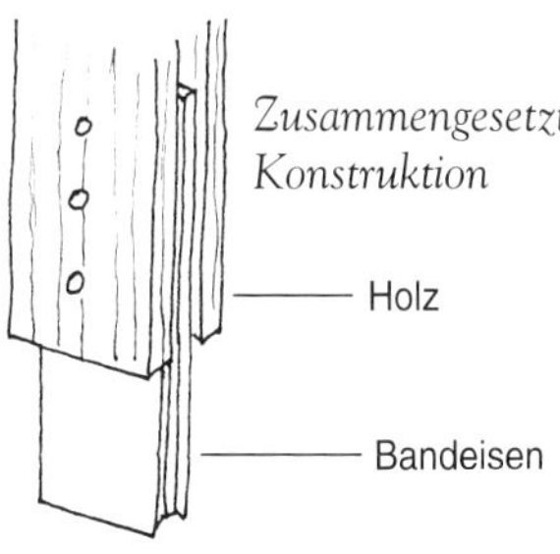

Zusammengesetzte Konstruktion

Einfacher Lattenzaun

Dieser Zaun ist sehr aufwendig gestaltet

Niedriger Zaun aus halbierten Stämmchen

Auch die Lattenlänge gestaltet die Fasson

Ein Naturzaun paßt fast überall

Jägerzaun

Riegel

Die Riegel werden zwischen den Säulen bzw. Stehern montiert, auf denen die Verkleidungen befestigt werden.

Richtlinien: Säule bzw. Steherabstand höchstens 3 m.
Abstand zum Boden mindestens 5 cm.
Der Abstand der Riegel von der oberen bzw. unteren waagrechten Riegelkante sollte ca. $^{1}/_{7}$ der Zaunhöhe betragen.

Verkleidung

Die Verkleidung ist das prägende Element des Zaunes. Ihre Auswahl hängt unter anderem davon ab, ob der Zaun transparent wirken oder Sichtschutz gewähren soll. Die Verkleidung kann die Zaunsteher verdecken oder bewußt hervorheben.

Holzauswahl: Im Außenbereich sowie der Witterung besonders ausgesetzten Bereichen wie bei Zäunen sollte Lärchenholz verwendet werden. Als Alternative wäre auch noch Tannenholz möglich.

Zuschnitt: Die Teile nach Art des Zaunes zuschneiden; der Splint der Lärche (weißer Teil) ist immer wegzuschneiden, da er von ganz minderer Qualität ist.

Hobeln: Der Standort sollte dabei eine Rolle spielen. Werden Felder oder Wiesen mit einem Holzzaun versehen, müssen die Steher, Bretter oder Latten nicht gehobelt sein. Wird der Zaun jedoch bei einem Haus oder Garten aufgestellt, ist es sinnvoll, ihn zu hobeln und zu runden oder zu fasen.

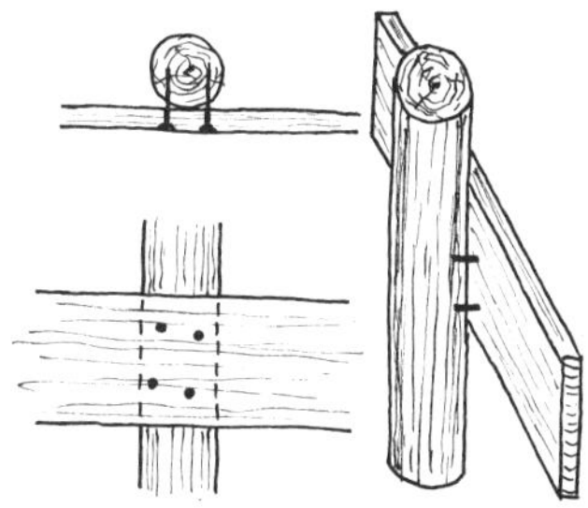

Oberfläche: Wird ein Zaun unter dem Gesichtspunkt des konstruktiven Holzschutzes gebaut, ist bei guter Holzqualität keine Oberflächenbehandlung notwendig. Ist der Zaun jedoch starken Witterungseinflüssen ausgesetzt, oder wünscht man ein farblich gestalterisches Element, ist eine Oberflächenbehandlung durchzuführen. Wollen Sie kein Betonfundament bauen, so schützen Sie den Teil des Holzpfostens, der mit Erde in Berührung kommt, durch äußerliches Verkohlen oder Holzschutzmittel vor Fäulnis.

Montage: Im Abstand von zwei bis drei Metern müssen stabile Stützpfosten in die Erde eingebaut werden. Bei einem Latten- oder Staketenzaun werden oben und unten waagrechte Latten angenagelt oder angeschraubt. An diesen werden die senkrechten Hölzer befestigt. Ein Jägerzaun wird nur an den Stützpfosten angenagelt. An

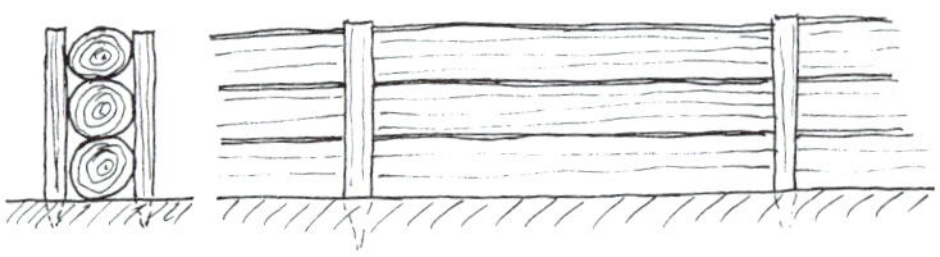

Liegende Stämme

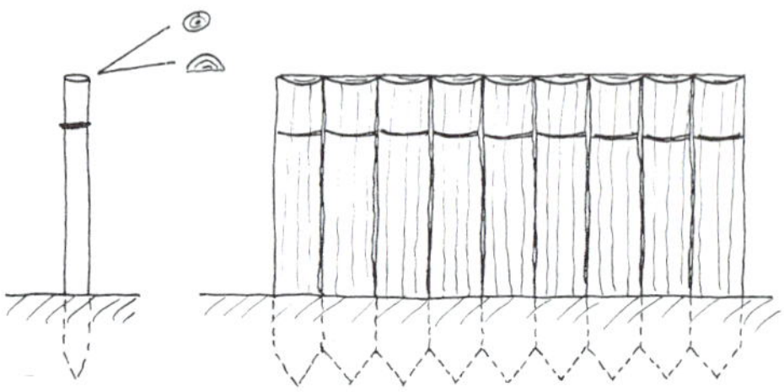

Palisadenzaun

einem Bretterzaun sollten je nach Höhe drei Bretter mit einer Breite von ca. 15–20 cm angebracht werden.

Zaunarten

- **Lattenzaun:** Im Querschnitt rechteckige senkrechte Bretter.
- **Staketenzaun:** Im Querschnitt halbierte Lärchen-, Tannen- oder Fichtenstämmchen.
- **Jägerzaun:** Gekreuzte halbrunde Latten (fertig zu kaufen).
- **Bretterzaun:** Waagrecht, besäumte oder unbesäumte Bretter.
- **Palisadenzaun:** Eingeschlagene, runde oder halbrunde Hölzer.
- **Liegende Stämme:** Liegende runde oder halbrunde Hölzer (zwei Steher).

Bretterzaun; Abdeckungen schützen die Steher

Einfacher Bretterzaun als Unterstützung für die Hecke

Eine nicht alltägliche Zaungestaltung

Einfach zu errichtender Stangenzaun

TÜRL UND TORE

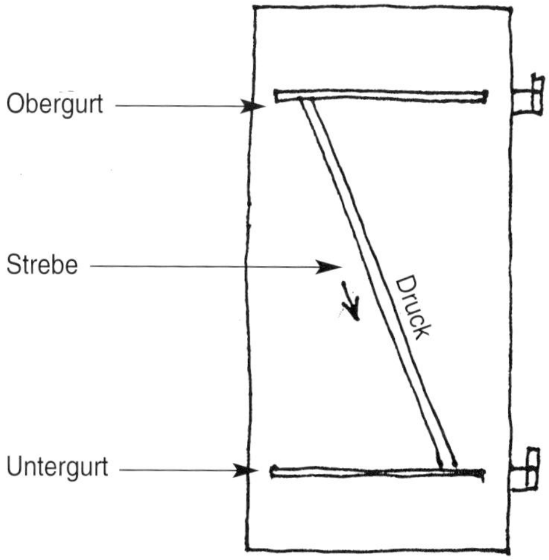

Tür-Druckverteilung

Holzauswahl: Lärche, Tanne und Fichte für den Außenbereich. Je nach Standortbereich wie bei den Zäunen sind die Teile sägerauh oder gehobelt.

Zusammenbau: Die Latten oder Bretter auf einer ebenen Fläche auflegen und entweder einen Rahmen oder ein sogenanntes „Z" darüber legen. Den rechten Winkel prüfen und die Bretter mit Nägeln oder Schrauben befestigen.

Anmerkung: Für einen gleichmäßigen Abstand zwischen den Latten Holzabschnitte in gleicher Breite einlegen. Damit das Türl oder das Tor ruhig liegenbleibt, ist es von Vorteil, außen ebenfalls einen Holzabschnitt auf der ebenen Fläche zu befestigen.

Oberfläche: Gesichtspunkte wie bei den Zäunen.

Beschläge: Torbänder und Verschlüsse am besten in einem Baumarkt nach eigenem Wunsch aussuchen. Die Montage erfolgt am besten mit Torbandschrauben.

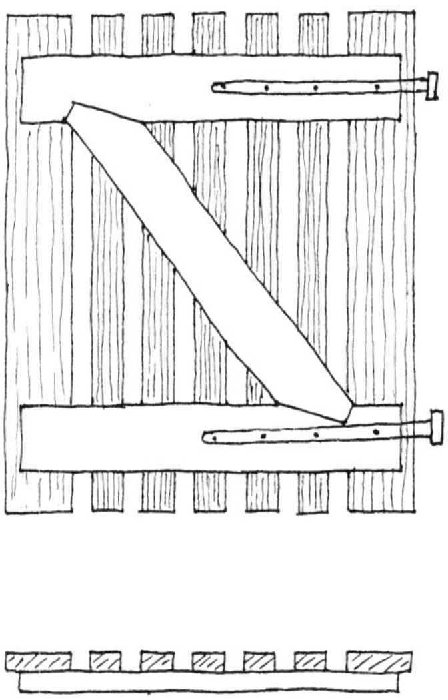

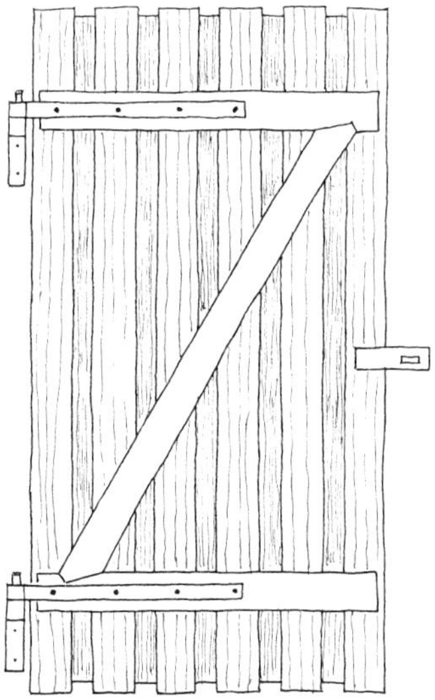

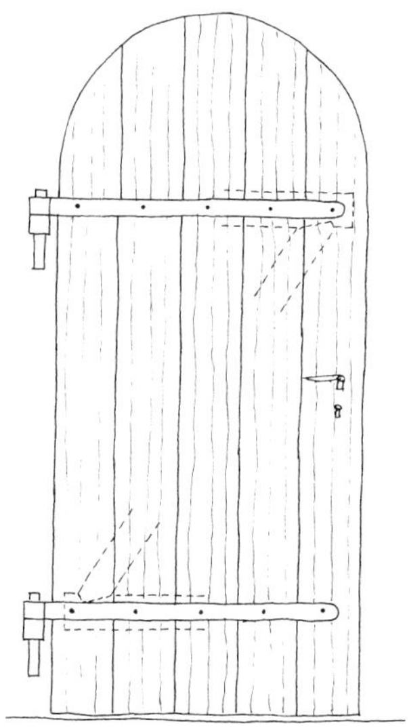

Lattenzauntür

Diese Zauntüre ist sehr aufwendig gestaltet

Einfaches Einfahrtstor aus Brettern. Die Flügelbreite macht Rollen als Entlastung der Steher notwendig

Moderner, funktioneller Türbeschlag

Diese Türe paßt sich der Verkleidung an

Alte, formschöne Beschläge aus Schmiedeeisen

BÄNKE

Bänke können in den verschiedensten Ausführungen gefertigt werden. Bei rustikaleren Ausführungen können gehobelte Kanthölzer verschraubt werden. **Zerlegbare Gartenbänke** können im Winter leicht verstaut werden, diese werden in einzelnen Bauteilen wie Gestell, Sitz- und Lehnenteil gefertigt.

Abmessungen: Sitzhöhe 42–45 cm
Länge: Pro Person sind ca. 60 cm zu berücksichtigen
Lehnenhöhe (gesamte Höhe): ca. 80–85 cm
Breite bzw. Tiefe der Sitzfläche: ca. 42–45 cm
Schräge der Lehne: ca. 7 cm

Dimensionen der einzelnen Teile: Die Dicke der Gestellteile sollte mindestens 3,5 cm betragen. Dicke der Sitzfläche ca. 3,5 cm. Dicke der Lehne ca. 2 cm.

Holzauswahl: Am besten geeignet ist Fichten-, Lärchen-, Kiefern-, Eichen- oder Buchenholz. Eingewachsene Äste können verwendet werden. Schwarze Äste sollten vermieden werden.

Zuschnitt: Auf einer Kreissäge besäumen und anschließend in der Breite schneiden, jedoch nicht ablängen.

Hobeln: Mit einer Abrichthobelmaschine (oder Handhobelmaschine) eine Winkelkante anhobeln. Mit einem Winkelzeichen versehen. Anschließend mit einer Dickenhobelmaschine auf die richtige Dimension bringen.

Ablängen: Das „schönere Ende“ zuerst im rechten Winkel schneiden, dann ablängen, damit der weniger schöne Teil des Holzes abfällt.

Bohren: Mit einer Ständerbohrmaschine Zapfenlöcher in die Gestellteile bohren. Die Löcher mit dem Stemmeisen putzen.

Sehr schöne, aber aufwendig gemachte Hausbank

Solide, einfache Bank aus halbrunden Stämmen

Einfache, aber praktische Bank

Bank aus Lärchenbrettern zusammengenagelt

Zerlegbare Bank

Die Sitzfläche wird aufgeschoben und anschließend angeschraubt

Auch die Lehne wird angeschraubt

Einer der drei benötigten Fußteile

Sägen: Man beginnt die Zapfen für die Gestellteile der Länge nach einzuschneiden. Der zweite Arbeitsschritt ist, die Zapfen abzusetzen. Als letztes werden die Keilschlitze geschnitten. Alle diese Arbeiten werden am besten mit der Handsäge oder einer Bandsäge durchgeführt.

Kleinteile: Keile zuschneiden.

Gestell leimen: Zulagen, Zwingen, Bauleim, Pinsel, Spachtel vorbereiten. Satt leimen – mit Zulagen und Zwingen zusammenspannen. Geleimte Keile einschlagen und trocknen lassen. Überstände absägen, bündig putzen und schleifen. Auf den Kanten kann mit einem Abrundfräser eine Rundung angefräst werden.

Sitzfläche: Die Sitzfläche kann in der Breite (Tiefe) verleimt werden, einfacher ist es jedoch, wenn man diese aus Einzelteilen mit einer Breite von ca. 8 cm und einem Abstand von ca. 1,5 cm anfertigt. Die einzelnen Sitzteile werden von unten durch Querleisten zu einer Sitzfläche verschraubt und können auch zusätzlich geleimt werden. Auf den einzelnen Teilen kann, vor dem Verschrauben, auf den Kanten mit einem Abrundfräser eine Rundung angefräst werden. Dies gilt auch für den Bauteil Lehne.

Lehne: Die Breite der einzelnen Bretter kann ganz unterschiedlich sein. Die einzelnen Lehnenteile werden auf der Hinterseite mit Querleisten verschraubt und eventuell auch zusätzlich geleimt.

Anmerkung: Einzelteile vor dem Verleimen bzw. Verschrauben unbedingt schleifen.

Oberfläche: Vor dem Zusammenbau der Bauteile Gestell, Sitzfläche und Lehne wird die Oberflächenbehandlung durchgeführt. Die im Freien verwendeten Bänke werden imprägniert und mit Dünn- oder Dickschichtlasur behandelt. Für die Verwendung in geschützten Räumen können die Teile lasiert, lackiert oder gewachst werden.

Zusammenbau: Die Sitzfläche wird auf die Gestellteile gelegt und mit einer Schraubzwinge vorerst verbunden. Nun werden die Löcher für die Torbandschrauben gebohrt, dann erfolgt die Verschraubung mit den Torbandschrauben. Derselbe Vorgang ist bei der Befestigung der Lehne durchzuführen.
Der Überstand der Sitz- und Lehnenteile gegenüber den Gestellteilen beträgt ca. 8 cm. Die Anzahl der Gestellteile richtet sich nach der Länge einer Bank. Der Abstand der Gestellteile liegt zwischen 60 und 80 cm. Je dicker die Sitzteile sind, desto größer kann der Abstand sein.

TISCHE

Tische können in den verschiedensten Ausführungen gefertigt werden. Bei rustikaleren Ausführungen können gehobelte Kanthölzer und Bretter verschraubt werden.
Zerlegbare Tische können im Winter leicht verstaut werden, diese werden in einzelnen Bauteilen wie Gestell und Platte gefertigt.

Abmessungen: Höhe von Eßtischen: ca. 72–76 cm
Länge: Pro Person sind ca. 60 cm zu berücksichtigen
Übliche Tischgröße: Breite 80 cm, Länge 120 cm

Dimensionen der einzelnen Teile:
Die Dicke der Gestellteile sollte mindestens 3,5 cm betragen. Dicke der Platte mindestens 3,5 cm. Füße bei Zargentischen mindestens 6 x 6 cm

Holzauswahl: Für Tische im Freien geeignet ist Fichten-, Lärchen-, Kiefern- oder Eichenholz. Für Tische in geschützten Räumen können alle Arten von Hölzern verwendet werden. Harz- und astfreies Holz verwenden!

Zuschnitt: Teile mit einem Übermaß zuschneiden.

Hobeln: Mit einer Abrichthobelmaschine (oder Handhobelmaschine) eine Winkelkante anhobeln. Mit einem Winkelzeichen versehen. Anschließend mit einer Dickenhobelmaschine auf die richtige Dimension bringen.

Ablängen: Die einzelnen Teile für das Gestell auf die gewünschte Länge abschneiden.

Verbindungen: Bei den Gestellen können die einzelnen Teile verschraubt, genagelt oder bei zerlegbaren Gestellen auch mit einem durchgestemmten Zapfen mit Keilsicherung

Zerlegbarer Tisch

Die beiden Fußteile und Stege

Als Anschlag dient ein Holzdübel

Durchgestemmte Stege mit Keilsicherung ermöglichen ein schnelles Zerlegen

Die Tischplatte wird aufgelegt und mit Torbandschrauben befestigt

Dieser Tisch ist aus Lärchenbrettern gebaut und hat Verbindungsstreben zwischen den Fußkreuzen

(Kapitel „Holzverbindungen") ausgeführt werden. Bei Zargentischen, ähnlich wie bei den Hockern, ist die Verbindung ein eingestemmter Federzapfen. Die Zargenbreite (waagrechte Bretter, die mit den Füßen verbunden sind) beträgt mindestens 10 cm, wobei unbedingt darauf zu achten ist, daß bei Eßtischen der Abstand zwischen Zargenunterkante und dem Boden (Knielichte) 60–63 cm beträgt.

Bohren: Mit einer Ständerbohrmaschine Zapfenlöcher in die Gestellteile bohren. Die Löcher mit dem Stemmeisen putzen.

Sägen: Man beginnt die Zapfen für die Gestellteile längs einzuschneiden. Der zweite Arbeitsschritt ist, die Zapfen abzusetzen. Als letztes werden die Keilschlitze geschnitten. Alle diese Arbeiten werden am besten mit der Handsäge oder einer Bandsäge durchgeführt.

Gestell leimen: Zulagen, Zwingen, Bauleim, Pinsel, Spachtel vorbereiten. Satt leimen – mit Zulagen und Zwingen zusammenspannen. Geleimte Keile einschlagen und trocknen lassen. Überstände absägen, bündig putzen und schleifen. Auf den Kanten kann mit einem Abrundfräser eine Rundung angefräst werden.

Platte: Platten können rechteckig, quadratisch, rund oder oval ausgeführt sein. Die Platte kann in der Breite verleimt werden, einfacher ist es jedoch, wenn man diese aus Einzelteilen mit einem Abstand von ca. 1,5 cm anfertigt. Die einzelnen Teile werden von unten auf Querleisten zu der gewünschten Breite geschraubt und können auch zusätzlich geleimt werden. Auf den einzelnen Teilen kann vor dem Verschrauben auf den Kanten mit einem Abrundfräser eine Rundung angefräst werden.

Anmerkung: Einzelteile vor dem Verleimen bzw. Verschrauben unbedingt schleifen.

Oberfläche: Vor dem Zusammenbau der Bauteile Gestell und Platte wird die Oberflächenbehandlung durchgeführt. Die im Freien verwendeten Tische werden imprägniert und mit Dünn- oder Dickschichtlasur behandelt. Bei Verwendung in geschützten Räumen können die Tische lasiert, lackiert oder gewachst werden.

Zusammenbau: Bei Tischen mit zerlegbarem Gestell werden die Gestellteile und der Steg mittels Keil verbunden. Die Platte wird mittels Torbandschrauben mit dem Gestell verschraubt.

BLUMENÜBERTÖPFE

Zur Zierde Ihrer Terrasse, Ihres Vorgartens und der Fenster können Blumentöpfe und Kisterl in einen aus Holz gefertigten Übertopf gestellt werden.

Holzarten: Je nach Verwendungsort und dekorativer Gestaltung können natürlich sämtliche einheimische Holzarten verwendet werden. Wie bereits öfters erwähnt, sollen Werkstücke, die im Freien verwendet werden, aus Fichten-, Kiefern- oder Lärchenholz angefertigt sein.

RUNDER ÜBERTOPF

Abmessungen: Höhe ca. 50 cm
Außendurchmesser des oberen Ringes: ca. 45 cm
Außendurchmesser der unteren Platte: ca. 35 cm
Außendurchmesser des Zwischenbodens: Der Durchmesser richtet sich nach der Größe bzw. Höhe des Blumentopfes.
Die Breite der Grundbretter oben: 10 cm
Die Breite der Grundbretter unten: 7 cm
Die Breite der Deckbretter: 8 cm

Der obere Ring wird mit der Stichsäge ausgeschnitten

Dimensionen der einzelnen Teile: Für die einzelnen Teile reicht schon eine Stärke von 2 cm aus.

Zuschnitt: Bretter auf einer Kreissäge besäumen und anschließend auf Breite schneiden, jedoch nicht ablängen.

Hobeln: Mit einer Abrichthobelmaschine (oder Handhobelmaschine) eine Winkelkante anhobeln. Mit einem Winkelzeichen versehen. Anschließend mit einer Dickenhobelmaschine auf die richtige Dimension bringen.

Ablängen: Das „schönere Ende" zuerst im rechten Winkel schneiden, dann ablängen, damit der weniger schöne Teil des Holzes abfällt. Die Grundbretter müssen jetzt konisch auf die erforderliche Breite von 7 cm geschnitten und geschliffen werden oder sie können auch konisch gehobelt werden.

Fräsen: Die Kanten der Deckbretter können nun profiliert werden.

Anfertigen des oberen Ringes: Kreise werden mit einem Zirkel oder mit einer Schnur und einem Bleistift am Holzteil aufgetragen. Bei der Methode mit der Schnur wird in der Mitte des Kreises ein Nagel eingeschlagen, daran befestigt man eine Schnur, am anderen Ende der Schnur wird der Bleistift befestigt. Die Länge der Schnur richtet sich nach dem Radius des Kreises.
Nun wird am Innenkreis ein Loch von 12 mm Durchmesser gebohrt, dadurch kann dort das Stichsägeblatt eingeführt und mit dem Schneiden begonnen werden.

Anfertigen der unteren Platte: Es braucht kein Ring angefertigt werden, sondern es

Ein Übertopf aus Holz paßt gut zum Grün der Pflanzen

reicht schon eine runde Platte. Kreis auftragen und mit der Stichsäge ausschneiden und schleifen.

Anfertigen des Zwischenbodens: Sie müssen festlegen, in welcher Höhe der Zwischenboden eingebaut werden soll, dies richtet sich nach dem Blumentopf. Jetzt kann der Durchmesser ermittelt werden. Die weiteren Schritte sind dieselben wie bei der unteren Platte.

Achtung: Für die runden Teile müssen unbedingt Dreischichtplatten verwendet werden, für die der Witterung ausgesetzten Werkstücke hochfeuchtfeste Dreischichtplatten verwenden. Diese sind in Baumärkten erhältlich.

Zusammenbau: Die Grundbretter werden auf dem oberen Kreisring und der unteren Platte gleichmäßig verteilt aufgeschraubt, gleichzeitig ist auch der Zwischenboden einzusetzen. Der untere Boden sollte wegen der Standfestigkeit ca. 3 cm von den Außenkanten der Bretter zurückspringen. Der obere Kreisring sollte ca. 5 cm zurückgesetzt werden. Der nächste Schritt ist die Befestigung der Deckbretter.

Achtung: Vor dem Zusammenbau der Einzelteile Oberflächenbehandlung durchführen (lackieren, lasieren, ölen, wachsen).

VERKLEIDUNG FÜR FENSTERBLUMENKISTERL

Holzart: Da diese oft sehr stark Witterungseinflüssen ausgesetzt sind, verwendet man Fichten-, Kiefern- oder Lärchenholz.

Abmessungen: Die Dimensionen richten sich nach der Länge und Breite sowie der Höhe der Blumenkisterl, die in die Verkleidung hineingestellt werden. Die Stärke beträgt mindestens 2 cm.

Ablängen: Die gehobelten Bretter werden auf einer Kreissäge oder mit der Stichsäge auf die jeweilige Länge abgeschnitten, wobei die senkrechten Verkleidungen ca 1,5 cm schräg geschnitten werden können. Das Auftragen der Schräge erfolgt mit dem Schrägmaß.
Bei den Abmessungen des Bodens ist zu berücksichtigen, daß dieser zwischen den äußeren Verkleidungen eingebaut wird.

Achtung: Damit eventuell eindringendes Wasser abfließen kann, sollten am Bauteil Boden Löcher mit einem Durchmesser von 2 cm gebohrt werden.

Zusammenbau: Äußere Verkleidungen am Boden anschrauben bzw. nageln.

Oberfläche: Die Behandlung der Oberfläche erfolgt nach dem Zusammenbau.

Holzverkleidung für Fensterkistchen

ZERLEGBARER ÜBERTOPF

Abmessungen: Die Länge, Breite und Höhe richtet sich nach der Anzahl und Größe der Blumentöpfe. Breite der Einzelteile: ca. 8 cm. Dicke der Einzelteile: mindestens 3 cm.

Zuschnitt: Bretter auf einer Kreissäge besäumen und anschließend auf Breite schneiden, jedoch nicht ablängen.

Hobeln: Mit einer Abrichthobelmaschine (oder Handhobelmaschine) eine Winkelkante anhobeln. Mit einem Winkelzeichen versehen. Anschließend mit einer Dickenhobelmaschine auf die richtige Dimension bringen.

Ablängen: Das „schönere Ende" zuerst im rechten Winkel schneiden, dann ablängen, damit der weniger schöne Teil des Holzes abfällt.

Holzverbindung: Anreißen für die Ausnehmungen der Überblattungen. Das Vorholz (überstehender Bereich) muß mindestens 5 cm betragen. Wird die Ausnehmung nicht so tief ausgeführt, so entstehen zwischen den Einzelteilen wie im Bild Zwischenräume. Bei Ausführungen ohne Zwischenräume beträgt die Ausnehmungstiefe $1/4$ der Holzbreite.

Achtung: Bei den oberen kurzen Teilen wird die Überblattung nur auf einer Kante ausgeführt, die Teile müssen auf die entsprechende Breite geschnitten werden, dadurch wird die gleiche Höhe erreicht.

Durch die Überplattungen wird der Übertopf zusammengehalten

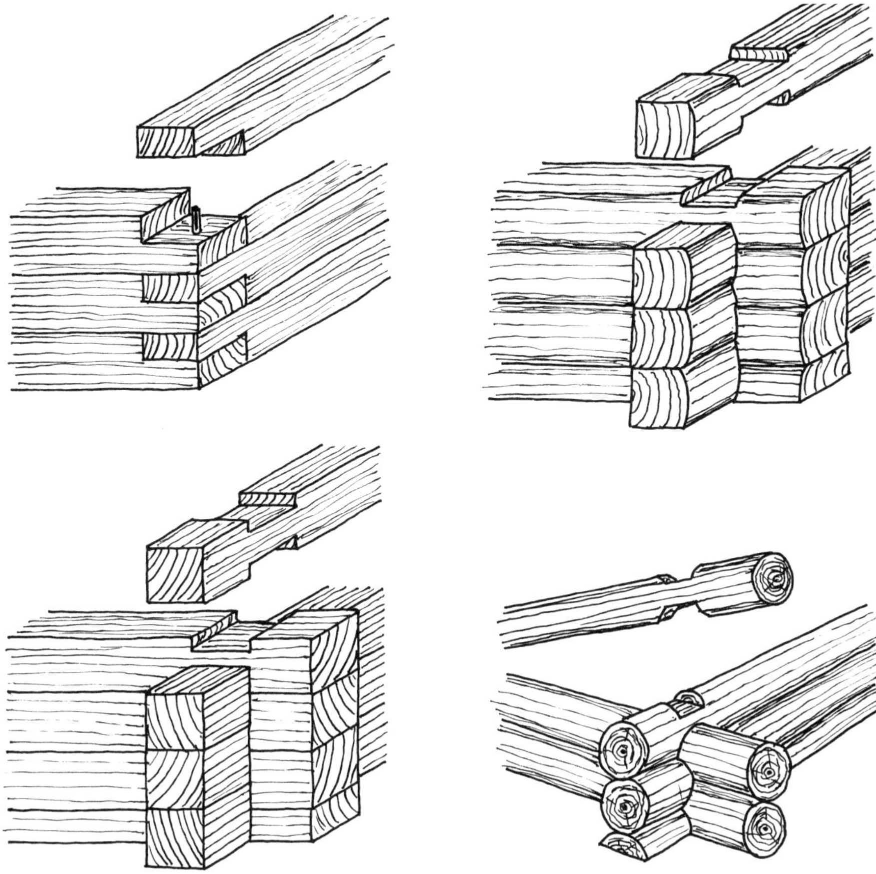

Ausnehmungstiefe 1/4 der Holzbreite

Fräsen: Die Kanten der Einzelteile können nun profiliert werden.

Zusammenbau: Oberflächenbehandelte Einzelteile zusammenstecken.

Transportfreundlichkeit: Da die Einzelteile lose verbunden sind, sollen nun auf den Innenecken des Kisterls Leisten aufgeschraubt werden, es genügt jeweils eine Schraube an dem oberen und unteren Einzelteil pro Ecke.
Ein zweckmäßige Verbindungsart ist die der Verkämmung. Da die Tiefe der Verkämmung 1/4 der Holzquerschnitthöhe beträgt, bleibt die halbe Querschnitthöhe des betreffenden Holzes stehen.

HÄNGEBLUMENKISTERL

Dimensionen der einzelnen Teile: Die Stärke der Böden soll ca. 2,5 cm und die der 9 Verkleidungsleisten ca. 1,8 cm betragen. Die Breite der Verkleidungsleisten beträgt oben ca. 4,5 cm und unten ca. 2,5 cm.

Zuschnitt: Bretter auf einer Kreissäge besäumen und anschließend auf Breite schneiden, jedoch nicht ablängen.

Hobeln: Mit einer Abrichthobelmaschine (oder Handhobelmaschine) Winkelkante anhobeln. Mit einem Winkelzeichen versehen. Anschließend mit einer Dickenhobelmaschine auf die richtige Dimension bringen.

Ablängen: Das „schönere Ende" zuerst im rechten Winkel schneiden, dann ablängen, damit der weniger schöne Teil des Holzes abfällt.

Ausfertigung Verkleidungsleisten: Auf den Leisten die Ausschnitte und die genaue Breite anreißen, jetzt werden diese mit einer Stichsäge oder mittels einer Bandsäge auf die gewünschte Form gebracht. Da diese Leisten auf den Bodenteilen aufgeschraubt werden, müssen sie vor dem Schleifen vorgebohrt werden.

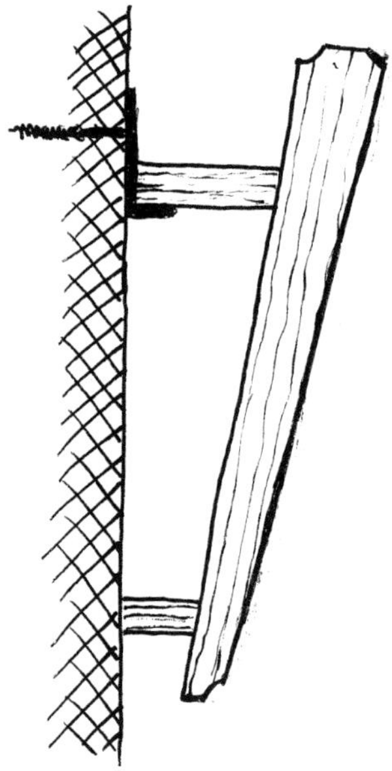

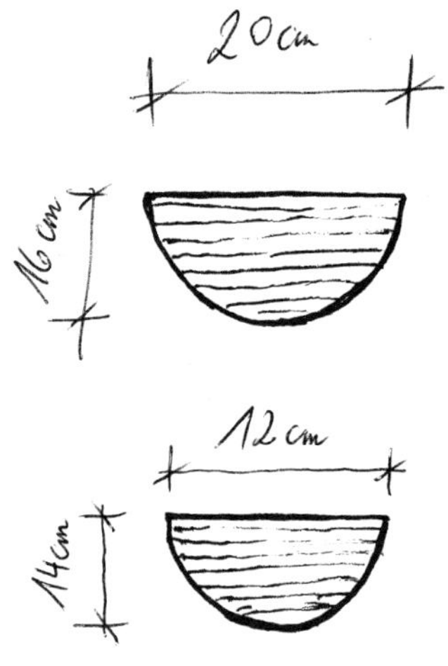

Oberer Boden

Unterer Boden

Ein Hängeblumenkisterl läßt sich überall befestigen

Anmerkung: Für die gewünschte Form wird eine Schablone angefertigt, die zum Anreißen sämtlicher Leisten verwendet wird.

Zusammenbau: Vor dem Zusammenbau müssen sämtliche Flächen und Kanten geschliffen werden, und auch die Oberflächenbehandlung muß bereits durchgeführt sein. Als erstes werden die 2 äußeren Leisten und die Böden aufgeschraubt. Die Leisten springen oben je nach Blumentopfhöhe ca. 8 cm und unten ca. 4 cm gegenüber den Böden vor. Nun werden die restlichen Leisten gleichmäßig verteilt aufgeschraubt. Für die Befestigung dieses Kisterls wird auf der Unterseite des oberen Bodens ein Metallwinkel montiert.

Kisterl aus Rundholz

Dazu werden druckimprägnierte Fichtenrundhölzer mit einem Durchmesser von ca. 8–10 cm, die in Baumärkten erhältlich sind, verwendet. Die Rundhölzer können Teil für Teil übereinander gelegt verschraubt oder verkämmt werden. Die Tiefe des Kammes beträgt 1/4 der Holzstärke bzw. des Durchmessers eines Rundholzes.

Zuschnitt: Rundlinge werden auf einer Kreissäge abgelängt, dabei ist der Überstand zu berücksichtigen.

Fräsen: An den Enden der Rundhölzer kann mit einer Oberfräse und einem Fasenfräser ein Fase angefräst werden.

Oberfläche: Obgleich die Rundhölzer druckimpägniert sind, müssen sie unbedingt vor dem Zusammenbau an den Enden und Ausnehmungen grundiert und lasiert werden.

Zusammenbau: Teil für Teil übereinander legen und verschrauben.

Achtung: Ein Vorbohren ist unbedingt notwendig. Um eine exakte rechtwinkelige Bohrung zu erreichen, werden die Rundhölzer in ein Winkelbrett, das auf dem Tisch der Ständerbohrmaschine mit einer Schraubzwinge befestigt ist, eingespannt. Damit das Holz nicht am Boden aufliegt, werden Abstandhalter aus nicht rostendem Material (Aluminium, Nirosta) montiert.

Blumenkiste, aus Rundhölzern gefertigt

BLUMENTRÖGE

Die Blumen können dabei direkt in den Trog eingepflanzt werden, besser ist es jedoch, wenn sie in ein Kisterl aus Kunststoff oder Eternit gepflanzt werden und dieses dann in die Ausnehmung gestellt wird.

Holzauswahl: Da diese Tröge sehr oft starker Witterung ausgesetzt sind, verwendet man Eichen-, Lärchen- oder Akazienholz.

Achtung: Beim Eichenholz muß unbedingt das Splintholz entfernt werden.

Zuschnitt: Nach der Längenermittlung wird mittels einer Kettensäge das Rundholz (Mindestdurchmesser 35 cm) abgelängt. Auch die Unterlagshölzer mit einem Durchmesser von ca. 10 cm, die um 15–20 cm länger sind als der Durchmesser des Troges, werden abgelängt.

Achtung: Unbedingt darauf achten, daß sich die Rundhölzer beim Schneiden nicht verdrehen können – zu bearbeitende Hölzer sicher befestigen.

Ausnehmung: Am Rundholz wird die Breite und Länge der Ausnehmung angezeichnet. Zuerst werden die Einschnitte für die Länge und danach die 2 äußeren Einschnitte für die Breite durchgeführt. Um eine gleichmäßige Schnittiefe zu erreichen, wird am Kettensägenschwert die Einschnittiefe mit einem wasserfesten Faserstift markiert. Nun wird der Länge nach eingeschnitten, und mit einem Stemmeisen werden die Putzarbeiten ausgeführt.

Ein Blumentrog aus Holz paßt überall hin

Das Blumenkisterl muß gut in den Blumentrog eingepaßt werden

Am Schwert der Kettensäge wird eine Markierung gemacht, damit man nicht zu tief schneidet

Nach der „Grobarbeit“ wird mit dem Stemmeisen nachgeputzt

Wichtig ist, ein Abflußloch zu bohren

Als Unterleger verwendet man zwei Rundhölzer, die etwas eingekerbt werden

Ein frisch bepflanzter, neuer Blumentrog

Um ein Wegrollen des Rundholzes zu verhindern, werden bei den Unterlagshölzern Ausnehmungen eingeschnitten.

Bohrung: Um überschüssiges Wasser abzuleiten, werden mit einem Schneckenbohrer oder mit der Bohrmaschine Löcher mit einem Durchmesser von ca. 25 mm gebohrt.

Oberfläche: Grundierung mit Holzschutzmittel und weitere Behandlung mit Dünnschichtlasur durchführen.

BRUNNENTRÖGE

Sind oft gestalterische Elemente in Gärten.

Holzauswahl: Da diese Tröge ständiger Feuchtigkeit ausgesetzt sind, verwendet man Eichen-, Lärchen- oder Akazienholz.
Achtung: Beim Eichenholz muß unbedingt das Splintholz entfernt werden.

Zuschnitt: Nach der Längenermittlung (Mindestdurchmesser 60 cm) wird das Rundholz mit einer Kettensäge abgelängt. Es kann auf eine rechteckige Querschnittsform zugeschnitten oder rund gelassen werden. Um eine ausreichende Bodenfreiheit zu erreichen, können Unterlagen aus Stein, aber auch aus Holz verwendet werden. Weitere Arbeitsschritte sind dieselben wie bei der Anfertigung des Blumentroges.

Sehr dekorativ – schön gestalteter Brunnentrog

Großer Brunnentrog, aus einem Lärchenstamm geschnitten

Bohrung: Um bei ständig fließendem Wasser einen Überlauf zu bekommen, wird ein Loch in den Boden gebohrt, in das ein Kunststoffrohr eingesetzt wird. Es reicht schon ein Rohr mit einem Durchmesser von 5 cm. Die Verbindungsstelle Rohr – Holz wird mit einem Silikonkitt abgedichtet.
Das Rohr kann nun auf die notwendige Länge abgeschnitten werden und soll gegenüber der Oberkante des Troges um ca. 3 cm zurückspringen.

Oberfläche: Da diese Tröge beinahe immer der Nässe ausgesetzt sind, wird imprägniert und eine Dickschichtlasur aufgetragen. Runde Tröge läßt man natur.

Die Kanten können etwas verziert werden

FASSADENVERKLEIDUNGEN

Fassadenverkleidungen aus Holz sind dekorative Elemente an Gebäuden. Bei normaler Witterungsbeanspruchung kann Fichten-, Tannen-, Lärchen oder Kiefernholz, die alle an eine Außenverkleidung gestellten Anforderungen erfüllen, verwendet werden.
Kiefernholz sollte wegen der Verblauungsgefahr nur für deckend zu streichende Verkleidungen Verwendung finden.

VERTIKALE VERKLEIDUNGEN

Vertikale Brettverkleidungen ermöglichen eine rasche Wasserableitung und eignen sich vorzugsweise bei Fassaden ohne Vordach, sie bewirken eine optische Erhöhung des Baukörpers.
Maßgebend für die Unterkonstruktion ist:

- Anschlagsart der Verkleidung (vertikal oder horizontal)
- Hinterlüftung der Außenverkleidung
- Eventuell Einbau einer Wärmedämmschicht

Die Unterkonstruktion muß aus Holzlatten von mindestens 40 x 50 mm bestehen, um den Nägeln einen ausreichenden Ausziehwiderstand zu bieten.
Die Hinterlüftung kann durch eine **Konterlattung,** bei **Einfachlattungen durch Ausschnitte** in den Latten oder durch **versetzte Unterbrechungen der Lattungen** erreicht werden. Der Abstand der Konterlattung sollte max. 120 cm betragen, die der Lattung für die Brettbefestigung liegt in der Regel zwischen 40–60 cm und darf 70 cm nicht überschreiten.
Die Holzfeuchtigkeit soll bei der Unterkonstruktion max. 20 % betragen.

Vertikale Fassadenverkleidung mit hübschem Bretterabschluß

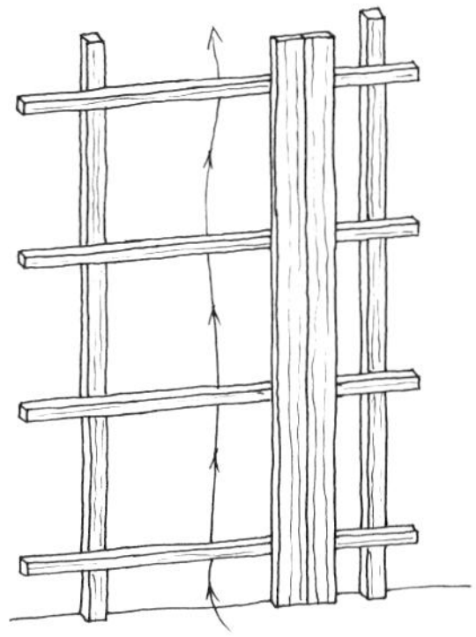

Konterlattung

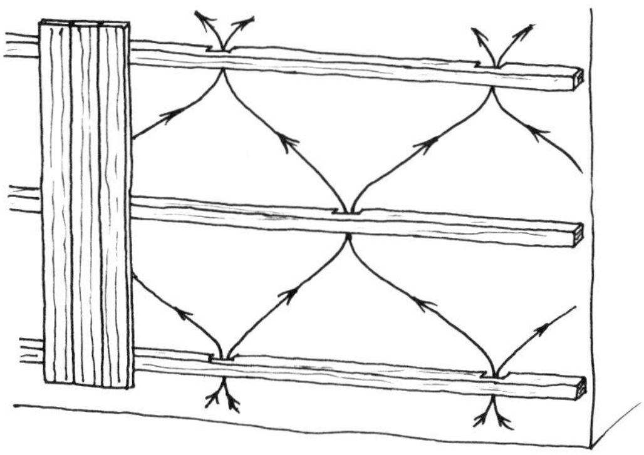

Einfachlattung mit Hinterlüftung

Empfehlenswert ist, die Unterkonstruktion vor der Montage allseits mit einem Holzschutzmittel zu imprägnieren.

Wärmedämmung
Um Wärmedämmbrücken zu vermeiden, ist eine **zweischichtige** Verlegung der Wärmedämmung angebracht. Dafür sind Mineralfaserplatten, welche satt zwischen die Latten gepreßt werden, geeignet. Der Lattenabstand der Unterkonstruktion richtet sich dabei nach den handelsüblichen Breiten der Wärmedämmplatten minus ca. 1cm.
Achtung: Es ist immer darauf zu achten, daß noch genügend Abstand zwischen der Dämmung und der Verkleidung vorhanden ist, damit für ausreichende Hinterlüftung gesorgt ist.

Lattung mit Hinterlüftung

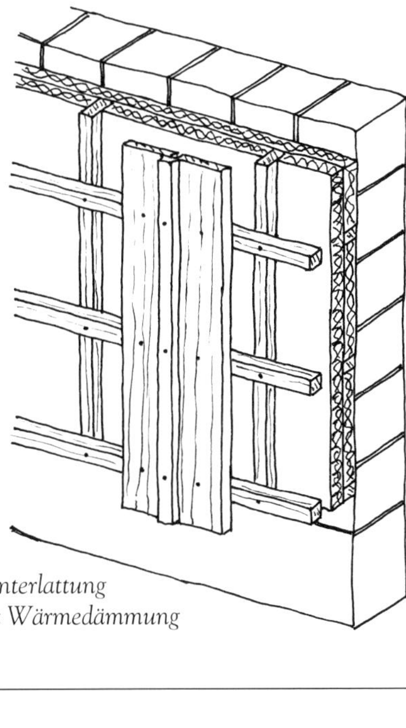

Konterlattung mit Wärmedämmung

Diese Art der Außenverkleidung nennt man Deckelschalung. Die Verkleidungsbretter werden stets mit der Kernseite (rechte Seite) nach außen gerichtet, aufeinander und zugleich an der Lattung befestigt. Die Breite der Bretter sollte nicht mehr als ca. 17 cm betragen. Zuerst werden die Grundbretter mit weiten Zwischenräumen an die Lattung genagelt, über diesen werden darauf die Deckbretter befestigt. Diese sollen die Grundbretter links und rechts ca. 2,5–3,5 cm überdecken.

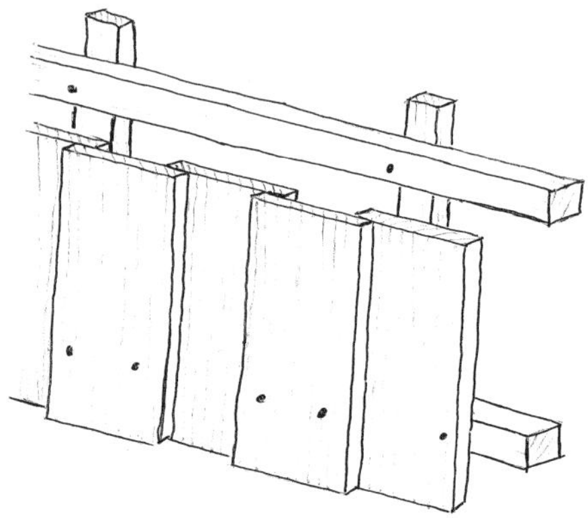

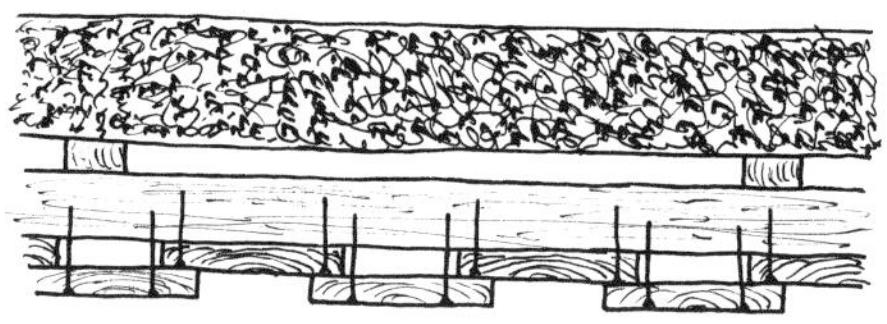

Bei einer Brettbreite von 16 cm und einer Überdeckung von 3 cm beträgt der Zwischenabstand 10 cm.

Nicht sinnvoll, da sowohl die rechte Seite als auch die linke Seite der Bretter nach außen gerichtet ist, es wird keine Fugenpassung erreicht.

Die rechte Seite der Bretter ist nach außen gerichtet, bei einem Werfen der Bretter liegen die Deckbretter exakt auf den Grundbrettern auf.

Werden Profilbretter verwendet, so kann die Befestigung mit Nägeln durch die Brettfläche erfolgen oder mittels Patentkrallen und Befestigungshaken vorgenommen werden. Bei Brettbreiten über 12 cm werden 2 Nägel pro Brett empfohlen. Profilbretter bieten aufgrund der unterschiedlichen Profilausbildungen vielfältige Gestaltungsmöglichkeiten.

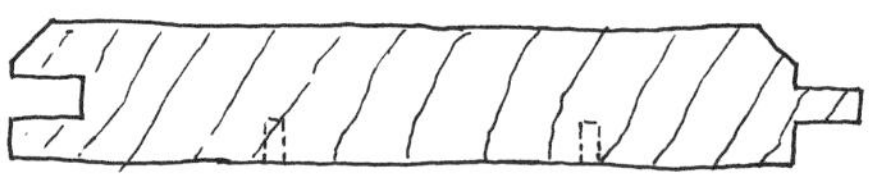

Gespundete Fasebretter

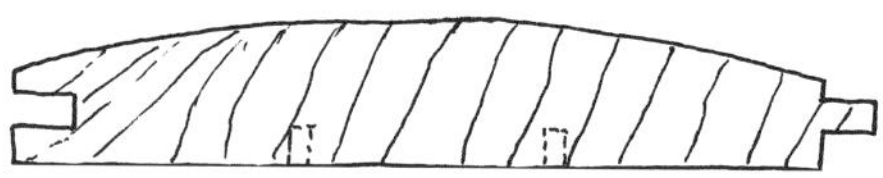

Rundblockwandprofil

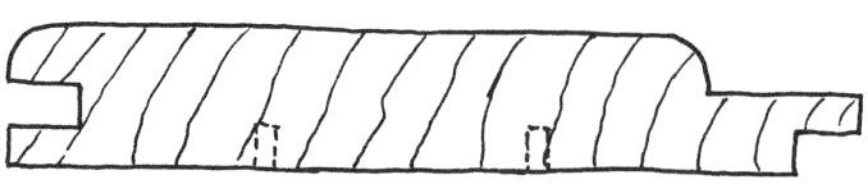

Softline-Profil

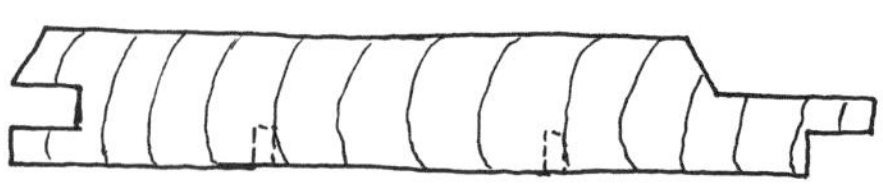

Profil mit trapezförmiger Schattennut

Bei der Montage ist darauf zu achten, daß die Nut immer nach unten zeigt, dadurch wird Wasser sicher abgeleitet.

Befestigung von Verkleidungen

Für die Befestigung der Unterkonstruktion an der Wand werden Dübel aus Metall oder Kunststoff verwendet. Die Befestigung erfolgt im festen Teil des Mauerwerkes. Mörtelfugen sowie lockere Putzteile sind bei der Wahl der Befestigungspunkte zu vermeiden.
Für die Befestigung von Außenverkleidungen auf der Unterkonstruktion werden Nägel oder Schrauben, Patentkrallen sowie Befestigungshaken verwendet.
Neben der Tragfähigkeit, Dauerhaftigkeit sowie Witterungsbeständigkeit der Befestigungsart müssen durch die Befestigung auch optische Beeinträchtigungen ausgeschlossen sein. Es dürfen keine sichtbaren Verfärbungen im Holz auftreten, wie sie für chemische Reaktionen von Metall mit Holzinhaltsstoffen typisch sind. Allgemein bekannt ist die Farbreaktion des Eichenholzes in Gegenwart von Eisen (Eisen-Gerbstoff-Reaktion).
Unverzinkte Nägel dürfen nur bei verdeckter Befestigung verwendet werden. Galvanisch verzinkte Nägel oder Schrauben bieten keinen ausreichenden Schutz gegen Verfärbungen des Holzes, da die Zinkschicht bereits beim Eintreiben in das Holz beschädigt wird.

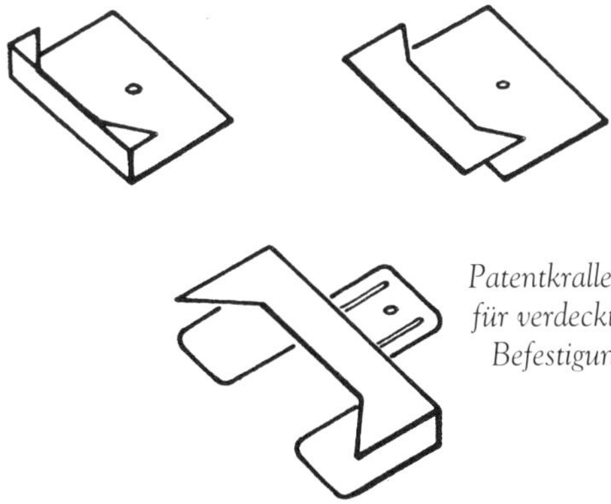

Patentkrallen für verdeckte Befestigung

Durch Befestigung der Verkleidung mit unverzinkten Nägeln entstehen streifige Verfärbungen.
Feuerverzinkte Nägel weisen einen besseren Korrosionsschutz auf.
Wo Verfärbungen durch Korrosion bzw. Reaktionen mit Holzinhaltsstoffen auf jeden Fall vermieden werden müssen, sollten Verbindungsmittel aus rostfreiem Stahl verwendet werden. Sichtbare Befestigung mittels Flachkopfnägeln unterscheidet sich bei dunkel lasierten Holzoberflächen kaum von diesen. Die verdeckte Befestigung von Profilbrettern ist mittels Patentkrallen oder Befestigungshaken vorzunehmen.

HORIZONTALE VERKLEIDUNGEN

Bei horizontalen Verkleidungen bilden die vertikal verlaufenden Latten der Unterkonstruktion zugleich den Zwischenraum für die Hinterlüftung. Eine vertikal verlaufende Anordnung ist für die Luftzirkulation vorteilhafter als ein horizontale.
Querschnitte und Abstände der Latten ergeben sich wie bei der vertikalen Anordnung. Horizontale Verkleidungen (Rollschalungen) sind nur empfehlenswert, wenn diese nicht dem Schlagregen ausgesetzt sind, da es sonst an den Berührungspunkten zu Feuchteansammlungen kommen kann.

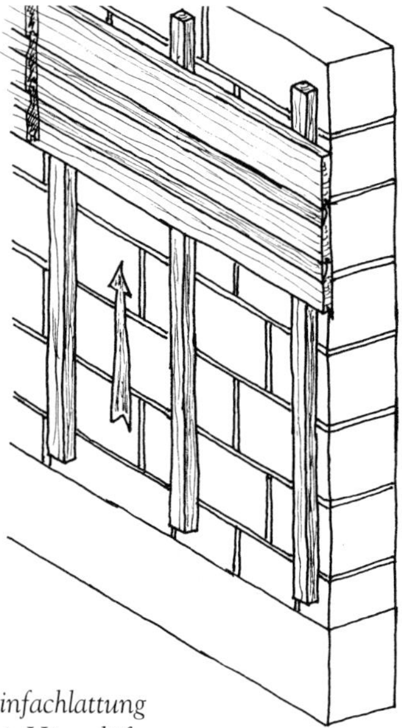

Einfachlattung mit Hinterlüftung

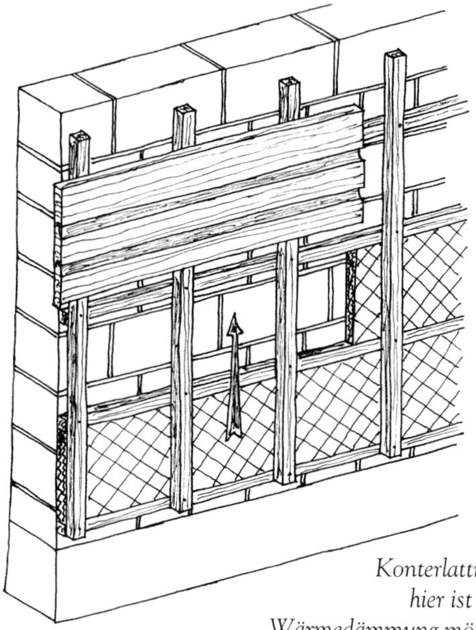

Konterlattung; hier ist eine Wärmedämmung möglich

Verschiedene Arten der Wasserabweisung

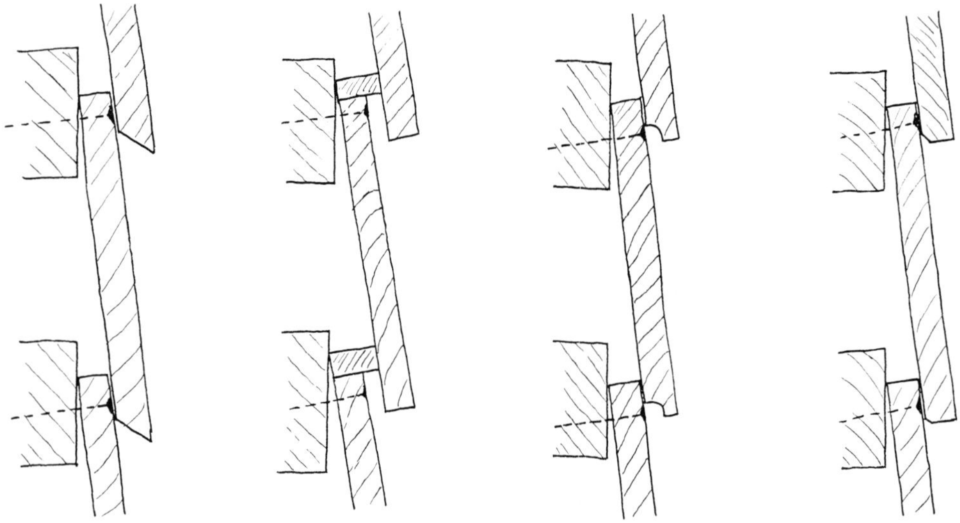

Horizontale Rollschalungen in verschiedensten Ausführungen! Für eine sichere Ableitung des Wassers ist es notwendig, daß Bretter mit Wassernasen verwendet werden.

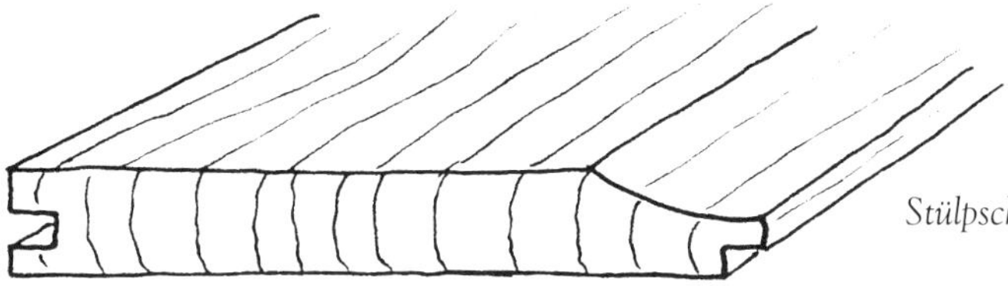

Stülpschalungsbrett Profil „K"

SCHINDELVERKLEIDUNGEN

Schindelungen werden heute in zunehmendem Maße wieder als Gestaltungselement verwendet. Jede Schindelverkleidung erfordert eine ausreichende und gleichmäßige Be- und Entlüftung, die durch eine der beschriebenen Unterkonstruktionen erreicht wird. Außenwandverkleidungen mit Schindeln müssen mindestens 2lagig ausgeführt werden. Zur Befestigung werden Drahtstifte mit Flachkopf und rauhem oder gerilltem Schaft verwendet.

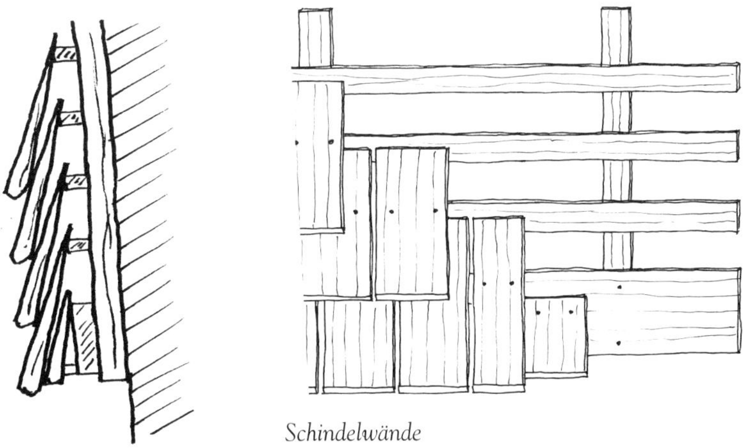

Schindelwände

KOPFBRETTER

Kopfbretter haben die unterschiedlichsten Formen. Sie dienen zur Abdeckung der Hirnenden von Pfetten und Mauerbänken bei Dachstühlen und als Verschönerung des Hauses.

Abmessungen: Stärke ca. 25 mm
Länge: je nach Form ca. 60 cm, auf jeden Fall muß das Hirnende der Pfette oder Mauerbank zur Gänze abgedeckt werden können, der ausgeschnittene Bereich des Kopfbrettes darf nicht in das Hirnende hineinreichen.
Breite: je nach Querschnittgröße der Pfette oder Mauerbank von ca. 18–25 cm, der gesamte Querschnitt muß abgedeckt werden können.

Holzauswahl: Am besten geeignet ist astfreies Fichten-oder Lärchenholz.

Zuschnitt: Bretter in der Breite um 1cm breiter zuschneiden, in der Länge um ca. 6 cm länger.

Hobeln: Bretter beidseitig, je nach gewünschter Dicke, aushobeln, Kanten hobeln und auf die gewünschte Breite schneiden bzw. hobeln.

Ausschnitte: Die Form der Ausschnitte festlegen, dazu wird eine Schablone für die Form des Ausschnittes angefertigt.
Nach dem Aufreißen der Ausschnitte auf den gehobelten Brettern wird bei Bereichen der Ausschnittsform, wo Kreise oder auch nur Teile von Kreisen vorkommen, auf der Ständerbohrmaschine mit einem Forstnerbohrer von passendem Durchmesser ein Loch gebohrt.

Achtung: Um ein ausrißfreies Bohren zu ermöglichen, ist es notwendig, auf dem Tisch der Ständerbohrmaschine ein Brett zu montieren, der Tiefenanschlag muß so eingestellt sein, daß gerade noch das Loch durchgebohrt werden kann, also nicht in das Unterlagebrett bohren.

Ausschneiden: Die gesamte Form wird auf einer Bandsäge oder mit der Stichsäge ausgeschnitten, auch die Schräge der Dachneigung wird angeschnitten.

Kopfbretter und Fassadenverkleidung helfen die Hausoberfläche zu gestalten

Schleifen: Um die kreisrunden Ausschnitte schleifen zu können, spannt man über eine abgerundete Holzleiste ein Schleifpapier. Noch rationeller ist es, in die Ständerbohrmaschine einen Schleifigel einzuspannen und mit geringerer Umdrehungsdrehzahl der Bohrmaschine die Ausschnitte zu schleifen. Anschließend die Flächen schleifen.

Montage: Oberflächenbehandelte (grundierte, lasierte) Kopfbretter auf den Vorköpfen (Hirnenden) der Pfetten bzw. Mauerbänke mit Schrauben oder verzinkten Nägeln befestigen.

Die Rundungen werden am besten ausgebohrt, den Rest macht man mit der Stichsäge

BALKONVERKLEIDUNG

Die hier dargestellten Formen von Balkonverkleidungen sollen als Anregung dienen. Für die Holzauswahl, Oberflächenbehandlung und die Anfertigung der Ausnehmungen gilt dasselbe wie bei den Kopfbrettern.

Abmessungen: Da Balkonverkleidungen zur Absturzsicherung dienen, müssen sie zumindest eine Höhe von 1 m aufweisen. Die genaue Höhe einer Balkonverkleidung ist in den landesweiten Bauordnungen geregelt. Stärke ca. 25 mm.

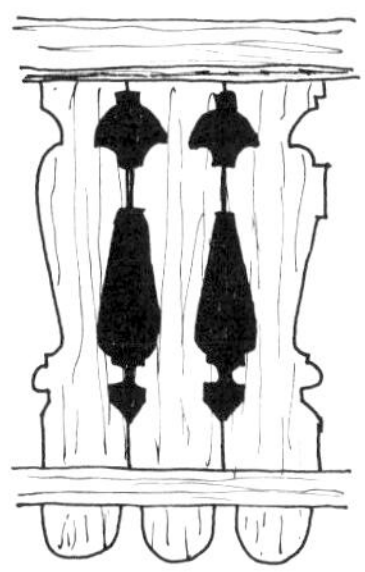

HOLZFLIESEN

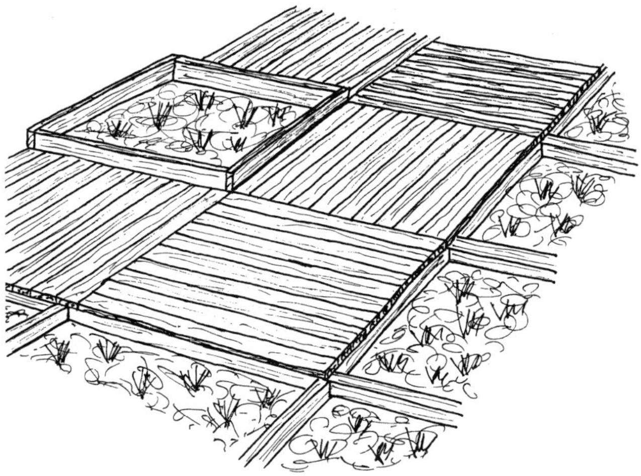

Holzfliesen kommen für Gehwege im Garten oder auch auf Terrassen zum Einsatz. Die allseitig gehobelten Bretter werden mit verzinkten Rillennägeln von der Rückseite an den Querleisten befestigt.
Abmessungen: Feldergröße: ca. 50 x 50 cm.

Dimensionen der einzelnen Teile: Die Dicke der Bretter und die der Querleisten für die Felder beträgt ca. 4 cm. Dicke der Sitzfläche ca. 3,5 cm; als Dicke für die Lehne genügen schon 2 cm.

Holzauswahl: Am besten geeignet ist Fichten- oder Lärchenholz. Eingewachsene Äste können verwendet werden.

Fräsen: An den gehobelten und auf die gewünschte Länge abgeschnittenen Brettern kann an allen Kanten eine kleine Fase angefräst werden.

Oberfläche: Vor dem Aufnageln der Bretter auf die Querleisten werden diese mit einem Holzschutzmittel imprägniert und anschließend mit Dickschichtlasur behandelt. Nach dem Trocknen der Dickschichtlasur werden die Bretter auf der Unterseite auf die Querleisten aufgenagelt.

Verlegung: Es wird eine ebene Fläche mittels Kies, Splitt oder auch Beton geschaffen. Es empfiehlt sich, eine Unterkonstruktion aus Kanthölzern mit einem Querschnitt von 80 x 60 mm zu verlegen, auf welche die Holzfliesen aufgeschraubt werden. Ein flächenumfassendes Randbrett ist empfehlenswert.
Bei großflächigen Anlagen dieser Art können anstelle der Holzfliesen Blumen und Gräser eingepflanzt werden.

SPALIER

Als Kletterhilfe für verschiedene Gartengewächse wie z.B. Rosen werden an Wänden Spaliere befestigt.

Dimensionen der Leisten: Je nach Größe eines Spaliers haben die Leisten einen Querschnitt von 25 x 15 mm bis 40 x 20 mm.
Holzauswahl: Am besten eignet sich astfreies Fichten-, Kiefern- oder Lärchenholz.

Zusammenbau: Die Größe des Spaliers und den Abstand der Leisten bestimmen.
Die gehobelten und oberflächenbehandelten Leisten werden auf einer ebenen Fläche nach der gewünschten Form aufgelegt und zusammengeschraubt. Das Spalier wird mit einigen Schrauben an der Wand befestigt.

Spaliere werden oft an freistehende Rahmen geschraubt, die unter anderem als Rosenbögen Verwendung finden.

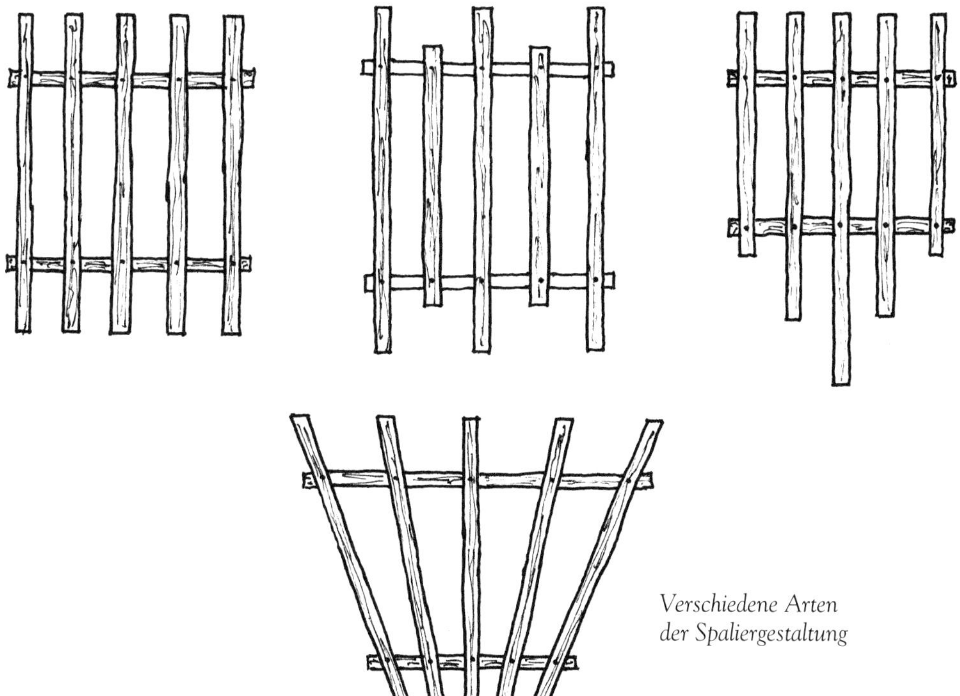

Verschiedene Arten der Spaliergestaltung

SCHAUKEL

Diese Schaukel-Kletterbock-Kombination besteht aus druckimprägnierten Fichtenholzrundlingen, wobei die unteren Verstrebungen aus durchtrennten Rundlingen bestehen (sind in Baumärkten erhältlich).

Abmessungen: Länge: ca. 250 cm
Breite: ca. 180–200 cm
Höhe: ca. 210 cm
Breite des Kletterteiles: ca. 95 cm
Durchmesser der senkrechten Stützen: ca. 10 cm
Durchmesser des waagrechten Schaukelholzes: mindestens 12 cm
Durchmesser der Klettersprossen: 5 cm
Abstand der Sprossen: ca. 30 cm
Schaukelbrettgröße: 25 x 25 cm

Für das Schaukelsitzbrett und das Brett für den Kletterteil verwendet man am besten 21 mm dicke Sperrholzplatten, die für den Außenbereich geeignet sind. Sperrholzplatten für den Außenbereich müssen eine Verleimung AW 100 G aufweisen.
Durch die Verbindungen des waagrechten Schaukelholzes mit den senkrechten Stützen mittels aufgetrennten Rundhölzern wird die notwendige Stabilität erreicht. Sämtliche Hölzer werden mit Torbandschrauben verschraubt. Für die Befestigung der Seile für die Schaukel werden in das waagrechte Rundholz Deckenhaken oder Spiralhaken eingeschraubt.

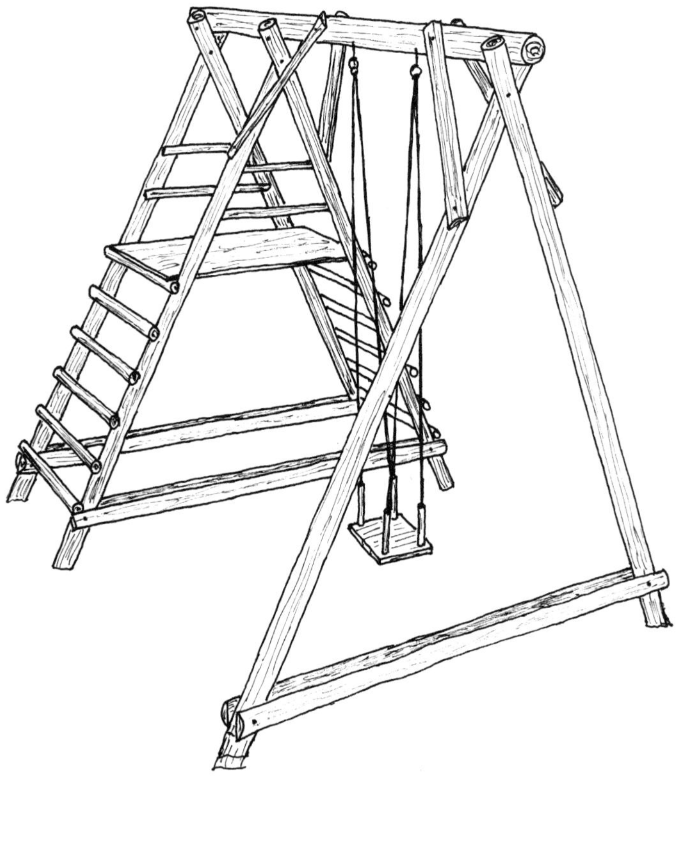

VORDÄCHER

Vordächer dienen als Schutz von Hauseingangstüren vor Witterungseinflüssen. Fichtenkanthölzer mit einem Querschnitt von ca. 14 x 9 cm werden eingezapft und verschraubt. Die Dacheindeckung kann mit Ziegeln, Holzschindeln oder auch mit Bitumenschindeln erfolgen. Die Verlegung der Bitumenschindeln erfolgt auf die vollflächige Verbretterung.

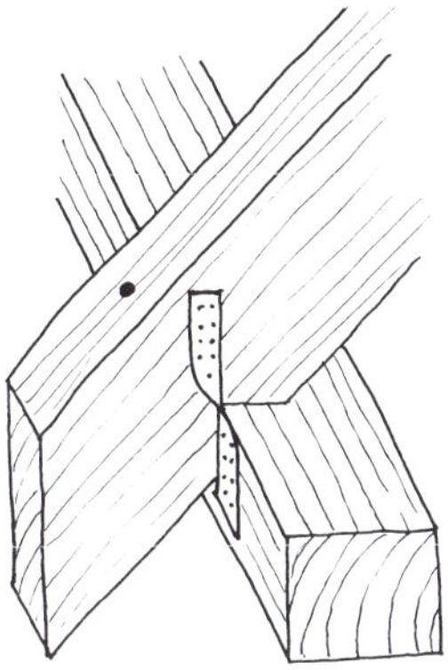

Sparrenverankerung mit einem Sparrennagel und zwei symmetrisch angeordneten Flachstahlankern, diese werden mit speziellen Ankernägeln (Rillen- oder Kammnägel) befestigt.

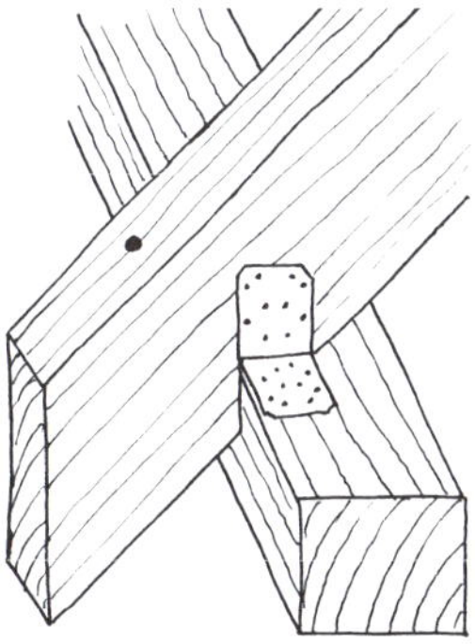

Sparrenverankerung mit einem Sparrennagel und zwei symmetrisch angeordneten Lochplattenwinkeln, diese werden mit Ankernägeln befestigt.

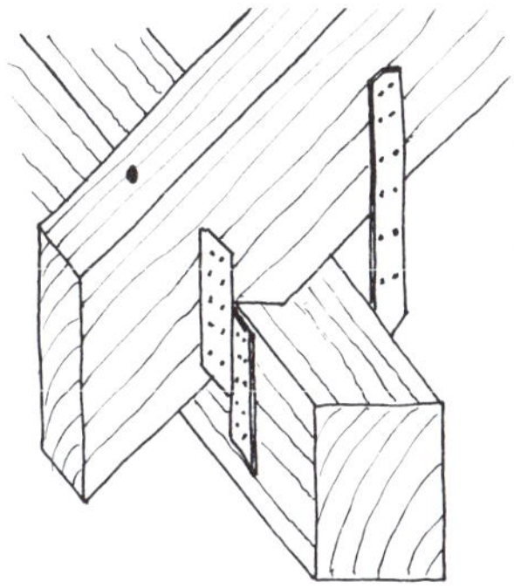

Sparrenverankerung mit einem Sparrennagel und vier symmetrisch angeordneten Sparrenpfettenankern, diese werden mit Ankernägeln befestigt.

Das Vordach muß gut zum Haus passen.

Ein vor der Eindeckung an der Wand montiertes Brustblech sorgt für eine sichere Wasserabweisung.

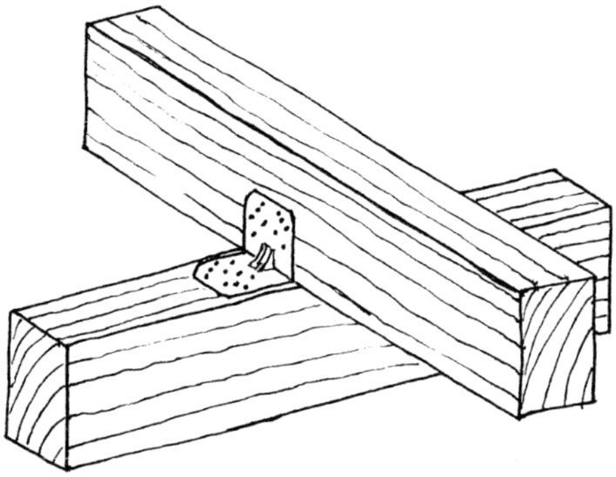

Pfettenverankerung mit zwei symmetrisch angeordneten Lochplattenwinkeln, diese werden mit Ankernägeln befestigt.

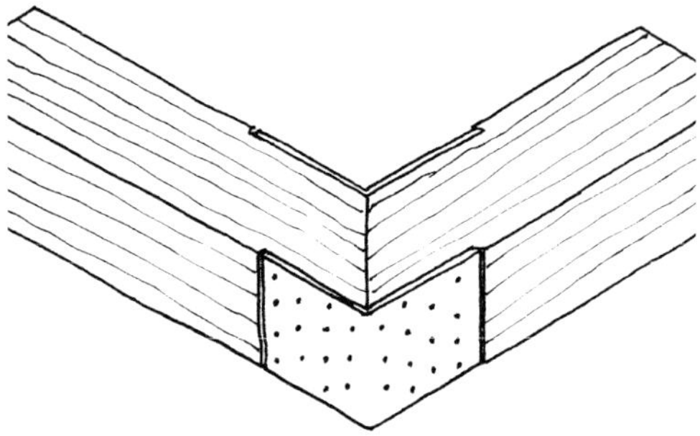

Auf Gehrung angeordnete, gestoßene Kanthölzer mit Winkelbeschlag aus Lochplatten.

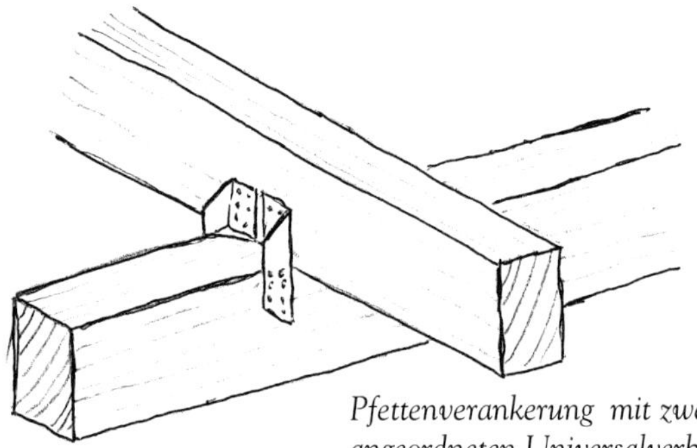

Pfettenverankerung mit zwei symmetrisch angeordneten Universalverbindern, diese werden mit Ankernägeln befestigt.

PERGOLEN

Einreihige Pergola

Die Pergola ist ein wichtiges Element für die Gartengestaltung. Für Holzpergolen wird sowohl Rund- als auch Kantholz verwendet.
Kopfbänder sichern den winkelrechten Stand der Träger, diese werden eingezapft und sollen den Querschnitt des Stehers vollkommen abdecken.

Abmessungen:
Abstand der Steher: ca. 2–3 m
Höhe: ca. 2,0–2,5 m
Querschnitt der Steher: 10 x 10 cm
Querschnitt der Pfette: 10 x 12 m
Querschnitt der Kopfbänder: 10 x 10 cm
Länge der Reiter: ca. 60 cm
Querschnitt der Reiter: 5 x 9 cm
Pergolen können ein- oder mehrreihig ausgeführt werden.
Die Befestigung erfolgt an Bodenabstandhaltern oder auch an Blumenkisten.

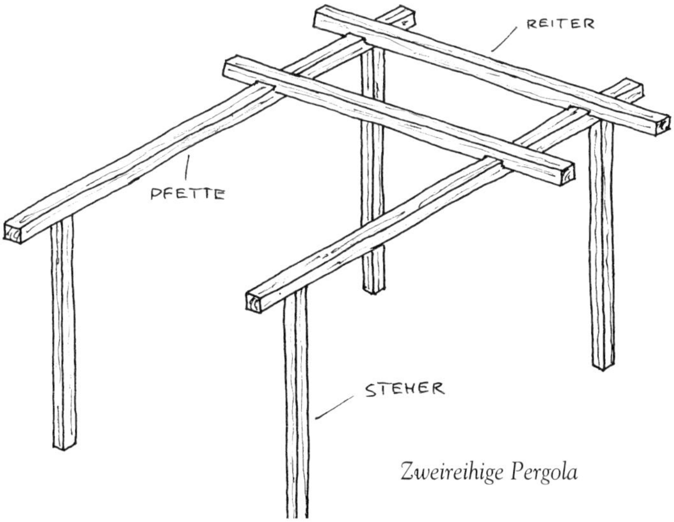

Zweireihige Pergola

WEITERE ANREGUNGEN

RAHMENHERSTELLUNG

Die Holzverbindung erfolgt durch eine Schlitz- und Zapfenverbindung oder durch Ecküberblattung.
Die Einzelteile mit Leim bestreichen, zusammenklopfen, Kontrolle des Rahmens bezüglich „Rechtem Winkel".
Die Verbindung mit Schraubzwingen und Zulagen verpressen.
Der Rahmen muß dabei auf einer ebenen Fläche aufliegen.

Kontrolle des „Rechten Winkels" bei Rahmenverbindungen
Hier werden verschiedene Möglichkeiten aufgezeigt.

- Kontrolle mit Tischlerwinkel aus Holz oder Zimmermannswinkel aus Metall
- Messen der Diagonale: Dies geschieht mit einem Meterstab, einem Rollbandmaß oder mittels einer Leiste, die in einem Inneneck des Rahmens angelegt wird. Die Länge wird auf der Leiste markiert, danach erfolgt die Messung der zweiten Diagonale. Sind beide Diagonalen gleich lang, dann ist der Rahmen im „Rechten Winkel".

Die Ecküberblattung muß gut verleimt werden

ZAUN- ODER GELÄNDERBEFESTIGUNG AN EINER MAUER

Dieses leicht demontierbare Geländer besteht aus Kanthölzern der Lärche.
Die Höhe beträgt mindestens 100 cm. Es sollte darauf geachtet werden, daß die Verbretterungen senkrecht ausgeführt werden, da Kinder an waagrechten Verbretterungen leicht hinaufklettern können.

Das Geländer wird nur eingesteckt …

… und mit einem Holzkeil befestigt

BLUMENTRÖGE AUS HALBRUNDEN STÄMMEN

Blumentröge aus durchtrennten Rundlingen von ca. 14 cm, die auf der Innenseite mit Leisten verschraubt sind.

SECHSECKIGES BLUMENKISTERL

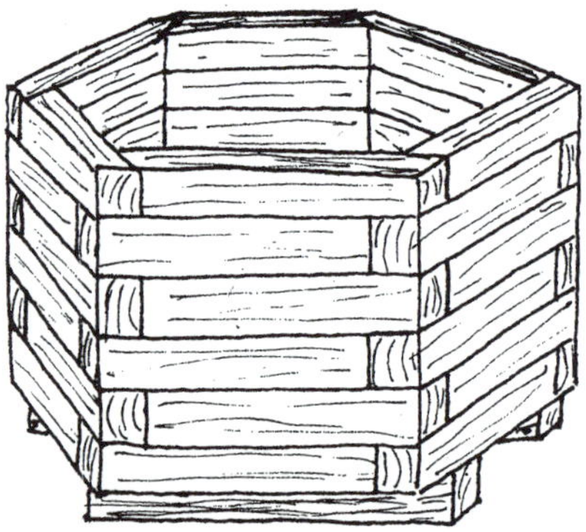

„GARAGE“ FÜR ZWEI MÜLLTONNEN

LEICHT ZERLEGBARER KOMPOSTSILO

FAHRRAD-STÄNDER

ROSENBOGEN

SICHT-SCHUTZ-ZAUN

HOLZ-ASCHEN-BECHER

GARTENLAMPE

DACHRINNE AUS HOLZ

SALETTEL,
AN HÜTTE ANGEBAUT

KLAPPTISCH
AN DER HAUSMAUER

MENSCHI 90

Begriffserläuterungen

Abbinden: Ist ein Ausdruck im Zimmereigewerbe und bedeutet Holzverbindungen zusammenpassen.

Abdunsten: Ist das Verdunsten der flüchtigen Anteile eines Anstrichmittels, ehe die Filmbildung vollendet ist.

Abfasen: Eine scharfe Kante brechen bzw. 45° anfräsen.

Abholzig: Die Holzfaser verläuft nicht parallel zur Längskante eines Brettes.

Ablängen: Brett in der Länge abschneiden.

Absetzen: Abschneiden der äußeren Teile des Holzes beim Zapfenteil bei einer Schlitz- und Zapfenverbindung.

Alterston des Holzes: Jedes Holz verändert durch Einwirkung des Lichtes, UV-Strahlung und Luft (Sauerstoff) seine Farbe auch nach der Oberflächenbehandlung. Die meisten Hölzer dunkeln nach, einige vergilben, und bei farbigen und bunten Hölzern verblaßt oft die lebhafte Zeichnung.

Anstrichdicke: Ist abhängig vom Festkörpergehalt des Anstrichmittels und von der Anzahl der Anstriche, in Mikrometer (μm) gemessen.

Auftrennen: Brett der Länge nach schneiden.

Beizen: Farbtonveränderung des Holzes.

Besäumen: Bei einem Brett die Waldkante wegschneiden.

Einkomponentenlack: Der Lack wurde bereits beim Hersteller mit Härter vermischt.

Feinjährig: Die Jahresringe (jährliche Zuwachszonen) liegen eng beisammen.

Festkörpergehalt: Ist jener Teil eines Lackes oder einer Lasur, der nach Verdunsten aller flüchtigen Teile (Lösungsmittel) zurückbleibt.

Filmbildung: Entsteht durch Verdunsten des Lösungsmittels in der Lasur oder des Lackes, der Festkörper bleibt übrig.

Flader: Zeichnung der Holzstruktur bei der Seitenware.

Fungizide Anstrichstoffe: Sind Anstrichmittel, welche Gifte zum Abtöten von Pilzen und anderen Mikroorganismen enthalten.

Grobjährig: Jahresringe haben einen größeren Abstand.

Holzeinschlagzeiten: Günstige Zeiten für eine Holzschlägerung.

Holzinhaltsstoffe: Sind Stoffe im Holz, welche die ästhetische Wirkung sowie die physikalischen und mechanischen Eigenschaften des Holzes bestimmen. Holzinhaltsstoffe sind Öle (bei der Kiefer das Terpentinöl), Harze (Kiefer, Fichte, Tanne, Zirbelkiefer), Gerbstoffe (Eiche), Fette, Farbstoffe, Mineralien.

Hygroskopisch: Holz hat die Eigenschaft, aus der Luft Wasserdampf aufzunehmen oder abzugeben.

Innenleben: Inneneinteilung bei einem Möbel.

Kantenflucht: Ist die Verringerung der Anstrichdicke an den Kanten, das Oberflächenmaterial zieht sich an den Kanten zurück. Ursache sind oft zu scharfe Kanten, zu schnelles Trocknen des Anstrichmaterials, aber auch zu geringe Schichtdicke.

Keilschlitz: Ausnehmung in einem Zapfen zum Einschlagen eines Keiles.

Kernholz: Ist das mittlere Brett von einem Bloch.

Knüpfel: Gedrechseltes Schlagwerkzeug in Weißbuche anstatt eines Hammers.

Lackrisse: Entstehen durch innere Spannungen im Lackfilm. Die Ursachen können im Anstrichmittel oder auch im Trägermaterial liegen.

Lösungsmittel: Wie z.B. Nitroverdünnungen, Azeton, Wasser dienen zum Verdünnen des Lackes oder einer Lasur, um die benötigte Viskosität zu erreichen.

Putzen: Ist ein Vorgang (Bündighobeln) bei der Ausfertigung einer Holzverbindung.

Sägerauh: Nicht gehobeltes Holz, Holz vom Sägewerk.

Topfzeit: Ist die Zeitspanne, in der Zweikomponenten-Materialien (Lacke, Leime) nach ihrer Vermischung mit dem Härter verarbeitet werden müssen. Das Ende der Topfzeit zeigt sich durch deutlichen Viskositätsanstieg an.

Vergrauung: Tritt vorwiegend bei Hölzern auf, die unbehandelt der Witterung ausgesetzt sind. Sie kann als erste Phase einer Zerstörung des Holzes bezeichnet werden.

Vertreiben: Beim Beizvorgang die Beize mit einem Pinsel zur Längsrichtung der Holzfaser verstreichen.

Viskosität: Zähigkeit einer Flüssigkeit. Hochviskos bedeutet zähflüssig, niedrigviskos dünnflüssig.

Waldkante: Außenkante eines Brettes mit Rinde.

Werfen: Verziehen eines Brettes aufgrund eines Wuchsfehlers.

Winkelkante: Die Kante eines Brettes ist genau im rechten Winkel (90°).

Zweikomponentenlacke: Der Härter wird dem Lack kurz vor der Verarbeitung beigemischt.

LITERATURVERZEICHNIS

Arbeitsgemeinschaft Holzschutzmittel: Österreichisches Holzschutzmittel-Verzeichnis, Wien 2001

Breis F., Drabek E., Fischler M., Gruber R., Maier H., Schwarz P.: Fachkunde für Tischler 1, Bohmann Verlag, Wien 2000

Gotsmy F., Kronreif F., Kronreif M., Wenighofer A.: Fachkunde für Zimmerer, Österreichischer Gewerbeverlag Ges. m.b.H., Wien 1998

Knapp: Der Katalog für beste Holzverbindung, Amstetten 2000

König F., Struber G.: Werkweug- und Maschinenkunde für Tischler, Österreichischer Gewerbeverlag Ges. m.b.H., Wien 1991

Krämer F.: Grundwissen des Zimmerers, Bruderverlag, Karlsruhe 1991

Pieperholz: Produktinformation, Olsberg – Assinghausen 2001

PROHOLZ: Außenverkleidungen, Wien 1991